CALEIDOSCÓPIO DO ANTIGO REGIME

CALEIDOSCÓPIO DO ANTIGO REGIME

António Manuel Hespanha

Copyright © 2012 António Manuel Hespanha

Grafia atualizada segundo o Acordo Ortográfico da Língua Portuguesa de 1990,
que entrou em vigor no Brasil em 2009.

Publishers: Joana Monteleone/ Haroldo Ceravolo Sereza/ Roberto Cosso
Edição: Joana Monteleone
Editor assistente: Vitor Rodrigo Donofrio Arruda
Projeto gráfico e diagramação: Sami Reininger
Capa: Allan Rodrigo/ João Paulo Putini/ Sami Reininger
Assistentes de Produção: João Paulo Putini/ Sami Reininger
Revisão: Íris Morais Araújo

Imagem da capa: Conjunto de painéis de azulejos do 3º quartel do século XVII, policromos e figurativos, existentes numa das salas do Museu-Escola de Artes Decorativas Portuguesas da Fundação Ricardo do Espírito Santo Silva (F.R.E.S.S.), Lisboa.

CIP-BRASIL. CATALOGAÇÃO-NA-FONTE
SINDICATO NACIONAL DOS EDITORES DE LIVROS, RJ

H515c

Hespanha, António Manuel, 1945-
CALEIDOSCÓPIO DO ANTIGO REGIME
António Manuel Hespanha.
São Paulo: Alameda, 2012.
226p.

Inclui bibliografia
ISBN 978-85-7939-062-3

1. Europa – História. 2. Portugal - História - Século XVII. I. Título.

10-5039.   CDD: 940
                        CDU: 94(4)

                                        022026

ALAMEDA CASA EDITORIAL
Rua Conselheiro Ramalho, 694 – Bela Vista
CEP 01325-000 – São Paulo – SP
Tel. (11) 3012-2400
www.alamedaeditorial.com.br

SUMÁRIO

Depois do Leviathan 7

Conflito e resistência na sociedade do Antigo Regime 41

Governo, elites e competência social: 65
sugestões para um entendimento renovado da história das elites

O historiador e o cidadão: 77
História e ciência política

As faces de uma *Revolução* 95

A questão do absolutismo no sistema político 115
da época moderna

O direito penal da Monarquia Corporativa 129

Os Forais da época moderna: 165
o caso do Foral manuelino de Évora

Serviço, mercê e salário: uma nota 199
com base na doutrina jurídica seicentista

Depois do Leviathan

HÁ CERCA DE VINTE ANOS, defendi, numa tese de doutoramento, uma visão inusitada da organização do poder na sociedade de Antigo Regime, com especial aplicação à situação portuguesa dos meados do século XVII. O livro – depois publicado, em 1994, numa edição impressa,[1] algo alterada e bastante amputada de anexos muito volumosos – baseava-se numa lista dos oficiais do reino, elaborada c. 1632, e no que a doutrina jurídica da época dizia acerca do poder e da sua organização. Nesse sentido, era um livro muito assente em fontes; só que lidas de uma maneira nova e, a meu ver, mais liberta de imagens translatícias, que só tinham deformado o entendimento do sistema político daquilo a que passei a chamar as "monarquias corporativas" dos séculos. XVI a meados de XVIII. As quais, segundo creio,

---

1   *As vésperas do Leviathan. Instituições e poder político. Portugal, século XVIII.* Coimbra: Almedina, 1994; antes, fora publicado, numa forma mais abreviada, por Taurus Ediciones, de Madrid, 1989. O presente artigo muito se enriquece se for lido conjuntamente com o que publiquei em João Fragoso e Maria de Fátima Gouveia (orgs.), *Na trama das redes*. Rio de Janeiro: Civilização Brasileira, 2010: "Antigo Regime nos trópicos? Um debate sobre o modelo político do Império colonial português", p. 43-93.

constituem o tipo ideal das unidades políticas do primeiro Antigo Regime, nomeadamente (e até mais tarde) na Europa Católica.

Entretanto, muita água correu. Mas, do ponto do que então escrevi, não correu tanta assim. Quando o livro saiu, ele representava uma interpretação francamente minoritária – embora não isolada nem órfã – do sistema político que, por facilidade, designarei, para já, de corporativo:

– legitimação da constituição da *polis* na natureza e na tradição;

– pluralismo político e, logo, normativo;

– redução da funções da coroa a uma administração passiva ("O melhor, Senhora, é não obrar", recomendavam, receosos, os Conselheiros de Estado à novel regente D. Luísa de Gusmão, variável, como as mulheres, determinada como as espanholas e voluntarista como uma Guzmán...), que se limitasse a fazer justiça, preservando os direitos adquiridos (*Rechtsbewährungsstaat*);

– e, decorrendo disto, a centralidade de um direito, garante desses direitos, decalcado das várias leis que o mundo conhecia – a lei divina, a lei da natureza externa das sociedades, mas também da lei interna das almas dos homens, tanto a natureza das instituições, como a geometria da lama dos homens, a tradição feita lei, o exemplo que fez fama (*façanha*), o estilo processual que amolda a prática dos tribunais, tudo isto posto em ordem, para os casos notáveis, por esse saber prático (praticável) dos jurisconsultos a que se chamava *prudentia*, *prudentia iuris*, jurispudrência, que estes, nos seus pesados livros e nas suas sopesadas decisões, deviam ensinar (*doctrina*).

Esta insistência no papel conformador do direito já o salientara Abraão Gurevic, quando se referiu à sociedade medieval como uma

CALEIDOSCÓPIO DO ANTIGO REGIME   11

"sociedade construída sobre o direito". Ao passo que esta natureza não legislativa, mas prudencial do direito, foi depois magistralmente descrita por Z. Baumann no seu belo livro *Legislators and interpreters*. Mas nunca é demais esclarecer o que é que se quer dizer com isto de centralidade do direito, de tal modo o tema aparece obscuro para muitos leitores. De novo, uma questão de anacronismo. Hoje, quando falamos de centralidade do direito, entendemos que se fala no "primado da lei", na ideia – que é muito comum entre os juristas – de que o mundo é um grande código e que, para conhecer o mundo, basta conhecer os códigos. Os antigos também diziam *"quod non est in libris (in actis), non est in mundo"* [o que não está nos livros (nos processos) não está no mundo]. Só que os livros de que eles falavam não eram os códigos de leis; eram os livros de doutrina jurídica, aquilo a que então se chamava o "direito comum" (*ius commune*). Por um lado, estes livros, que já tinham muito pouco a ver com os textos de direito romano ou canônico, a bem dizer não tinham nada a ver com as leis do reino. Daí que, ainda que algum historiador (do direito) ande obcecado com o direito,[2] não liga quase nada às leis dos reis, embora possa ligar muito à doutrina dos juristas e à jurisprudência dos tribunais. Por outro lado, ligando muito a esta doutrina e a esta jurisprudência, ele tem que estar a ligar também muito ao direito praticado, ao direito vivido, aos arranjos da vida. É que uma das características do direito comum era a sua enorme flexibilidade, traduzida no facto de o direito local se impor ao direito geral e de, na prática, as particularidades de cada caso – e não as regras abstratas – decidirem da solução jurídica. Isso quer dizer que a centralidade do direito se traduzia, de fato, na centralidade dos poderes normativos locais, formais ou informais, dos usos das terras, das situações "enraizadas" (*iura radicata*), na atenção às particularidades de caso; e, em resumo, na decisão das questões segundo as sensibilidades jurídicas locais, por muito longe que

---

2   Como seria o meu caso, segundo alguma interpretação.

andassem daquilo que estava estabelecida(o) nas leis formais do reino. Por fim, esta mesma flexibilidade do direito, engendrava uma possibilidade infinita de recursos, bem como a possibilidade de paralisar um comando, uma ordem, uma norma oficial, durante anos a fio, somando apelações a agravos, recursos eclesiásticos a recursos civis, súplicas ao rei (ao vice-rei, ao Conselho Ultramarino) aos mais variados embargos e medidas cautelares. Esta função "desreguladora" e "paralisante" do direito é imediatamente evidente a quem tiver trabalhado um pouquinho que seja com o direito desta época.[3] Mas, para quem não passou por aí, direito significa antes imposição, cogência, execução, inflexibilidade, formalismo. Com isto, fecho o parênteses sobre o direito, com isto esperando ter explicado porque é que, nas minhas análises, não me deixo "magnetizar pelo mundo dos juristas e dos teólogos [...] esquecendo que a lei muitas vezes permanecia letra morta".[4] É que, neste mundo do direito prático doutrinal, a lei também permanecia, quase sempre, letra morta, em face das situações criadas pelas práticas locais.[5] De fato, como escreveu Alexis de Tocqueville, também citado pela prestigiada historiadora, "quem quisesse julgar o governo daquele [do Antigo Regime] tempo pelo conjunto das leis incorreria nos erros mais ridículos". Mas o

---

3 Luigi Lombardi, *Saggio sul diritto giurisprudenziale*. Milano: Giuffrè Ed., 1975; em síntese, no meu livro *Cultura jurídica europeia. Síntese de um Milênio*. São Paulo: Saraiva (em publicação), max. 5.3 e 5.6; com aplicação ao ambiente colonial americano, Victor Tau Anzoategui, *Casuismo y sistema*. Buenos Aires: Inst. De Invest. de Historia del Derecho, 1992; Lauren Benton, em "The Legal Regime of the South Atlantic World, 1400-1750: Jurisdictional Complexity as Institutional Order", *Journal of World History* 11.1 (2000), p. 27-56; bem como o meu artigo, aplicado ao Brasil, "Porque é que existe e em que é que consiste um direito colonial brasileiro" (em *Quaderni fiorentini per la storia del pensiero giuridico moderno*, Fac. di Giurisprudenza, Firenze, 35 (2006), p. 59-81).

4 Cf. Laura Mello e Souza, *O sol e a sombra. Política e administração na América portuguesa do século XVIII*. São Paulo: Companhia das Letras, 2006, p. 55 (sobre uma "segunda ordem de problemas" que os meus pontos de vista têm que enfrentar).

5 V., antes, nota 3.

mesmo acontece a quem, para esse mundo, confunda direito com lei...
Prossigo com aspectos mais gerais.

À medida que estudos de detalhe iam sendo feitos, as ideias
propostas foram ganhando um favor crescente, pelo menos para as
monarquias e principados da Europa Sul-Ocidental.[6] Porém, estes
pontos de vista bastante singulares, mesmo apenas para as periferia
meridionais da Europa, tiveram que se defrontar com um ambiente
desconfiado e até hostil, porque abalavam muitas visões estabelecidas, algumas delas subsidiárias de compreensões mais vastas dos
historiadores, que tinham que ver com as suas posições políticas,
ideológicas, existenciais, no mundo que vivíamos; outras, pura e simplesmente, herdeiras da historiografia liberal que, para marcar mais
a ruptura da Revolução, carregava de cores sombriamente monocên-
tricas e opressoras qualquer das sociedades anteriores. Nunca me in-
comodou muito estar em contra-mão, nem fiz grandes esforços para
provar ansiosamente que tinha razão, se é que estas coisas da história
têm mais do que apenas feixes embrulhados de razões. Sendo certo
que cada dia encontrava pequenos indícios de que não dissera dispa-
rates enormes, também tinha a certeza de que a "realidade histórica"

---

6 Uma resenha da tradição que este meu livro desencadeou pode ser acompanhada
   a partir dos seguintes trabalhos: *Ius commune*, 1990, p. 433-435 (R. Rowland); *The
   Journal of Modern History*, 63.4 (1991), p. 801-802 (B. Clavero); *The American
   Historical Review*, 97.1(1992), p. 221-222 (C. A. Hanson); *The journal of modern
   history*, 67 (1995), p. 758-759 (Julius Kirchner); *Latin American Review*, 31.1
   (1996), p. 113-134; *Ann. Econ. Soc. Civ.*, 46.2, n° 2 (mars-avril), 1991, p. 502-
   505 (J. F. Schaub). Comentários: Jean-Frédéric Schaub, "La penisola iberica nei
   secoli XVI e XVII: la questione dello Stato", *Studi Storici*, anno 36, gennaio-
   -marzo, 1995; *Idem*, "L'histoire politique sans l'état: mutations et reformulations",
   Historia a debate, III, Santiago de Compostela, 1993, p. 217-235; *Idem*, "Le temps
   et l'État: vers un nouveau régime historiographique de l'ancien régime français",
   Quad. fior. st. pens. giur. mod., 25 (1996), p. 127-182; Angelo Torre, "Percorsi
   della pratica. 1966-1995", *Studi storici*, 1995, p. 799-829 (mais crítico); Roberto
   Bizzochi, "Storia debile, storia forte", *Storia*, 1996, p. 93-114.

era muito facetada e complexa; mas que o era ainda mais o que os historiadores, falando cada um a partir de sensibilidades particulares e lugares culturais e institucionais diferentes, contavam acerca dela.

Eu próprio fui testando extensões. A primeira decorreu do desafio de um malogrado grande amigo que, tendo salientado num seu livro, já clássico, a dureza do direito penal de Antigo Regime, me provocou a demonstrar que, também na punição, o direito das monarquias corporativas era assim tão pouco interventivo. O bom senso indicava que tinha que o ser. Bastava ler a interminável lista de crimes capitais do Livro V da *Ordenações* – compreendendo até a masturbação... – para pensar, como o pensou Frederico II quando, durante a preparação do *Allgemeines Landrecht,* lho terão lido: "Mas ainda haverá gente viva neste país?". Como o recurso ao (nosso) bom senso, em história, é muito perigoso, socorri-me de fontes fiáveis e lá pude documentar que, pelo menos em Portugal, a pena de morte era rarissimamente executada. Porventura porque, como cantou Chico Buarque no *Fado tropical*:

> Todos nós herdamos no sangue lusitano uma boa dose de lirismo (além da sífilis, é claro). Mesmo quando as minhas mãos estão ocupadas em torturar, esganar, trucidar Meu coração fecha os olhos e sinceramente chora...

Ou, mais exactamente – porque, nisto de história, acredito tão pouco (como o poeta, de resto...) no espírito dos povos, como no espírito das suas historiografias –, porque as leis não eram feitas para aplicar estritamente. Como terá escrito Alexandre de Gusmão, a mando do rei, a Inácio da Costa Quintela, um feroz juiz da Relação do Porto. "Sua Majestade manda advertir Vossa Mercê, que as leis são feitas com muito vagar e sossego, e nunca devem ser executadas com aceleração [...] porque o legislador é

CALEIDOSCÓPIO DO ANTIGO REGIME   15

mais empenhado na conservação dos Vassalos do que no castigo da Justiça, e não quer que os ministros procurem achar nas leis mais rigor do que elas impõem".[7]

Depois, tendo que ensinar, durante uma década, em Macau, resolvi estudar o sistema de poder nas colônias. Guiado por um artigo de Luís Filipe Thomaz[8] – que já pouco se cita, mas que foi uma síntese luminosamente pioneira –, trabalhei a hipótese de que, num ambiente ainda mais pluralista do que o do reino, estirado por forças centrífugas ainda mais potentes, alongado pelas distâncias – que não eram só de cruzar mares, mas também de vencer sertões –, onde essa mesma distância parecia fazer alongar a sombra do rei na sombra parasitamente engordada dos seus funcionários.[9] O meu material empírico era quase todo oriental, sobretudo macaense e algum goês; mas os testemunhos da literatura secundária apontavam invariavelmente num mesmo sentido. A centralidade "do Império" dissolvia-se num emaranhado de relações contraditórias entre uma multiplicidade de polos, nos quais a coroa ocupava lugares e hierarquias diversas, frequentemente insignificantes, por vezes escandalosamente rebaixadas; e em que, em contrapartida, tanto se alevantavam poderes

---

7   Citado no meu trabalho "Da 'iustitia' à 'disciplina'. Textos, poder e política penal no Antigo Regime", *Anuario de história del derecho español*. Madrid, 1988; versão portuguesa, *Estudos em homenagem do Prof. Eduardo Correia*. Coimbra, Faculdade de Direito de Coimbra, 1989; neste livro, "O direito penal da Monarquia Corporativa"; versão resumida em F. Tomás y Valiente *et al*, *Sexo barroco y otras transgresiones premodernas*. Madrid: Alianza, 1990, p. 175-186. A informação foi colhida de Francisco Freire de Melo, *Discurso sobre os delitos e as penas e qualfoi a sua proporção nas differentes épocas da nossa jurisprudencia*. Lisboa, 1816, p. 9.

8   Luís Filipe Thomaz. "A estrutura política e administrativa do Estado da Índia no século XVI". In: *De Ceuta a Timor*. Lisboa: Difel, 1994 (1ª ed. 1985).

9   Recorrendo a uma imagem de António Vieira recentemente recordada por Laura de Melo e Souza.

locais altaneiros, como as tais sombras dos "funcionários" régios se alongavam em dimensões autônomas, cobrindo e dando legitimidade prática a toda a sorte de iniciativas e ousadias, que os regimentos rejeitavam e as cartas régias mal podiam coonestar. Embora, por outro lado, se encontrassem nos discursos dos grandes estrategas – entre todos, nos de Afonso de Albuquerque – sinais muito visíveis de uma concepção de poder da coroa mais liberto, no quotidiano, de peias morais, mais livre de aproveitar as conjunturas, como recomendava Maquiavel. O qual, note-se, escreve *O Príncipe*, não para estados de equilíbrio político, mas para aqueles momentos dramáticos em que os principados estão em "revolução", a desfazer-se e a criar-se, em que a moral e a deontologia naturais se suspendem, até que tudo se aquiete num novo retorno à ordem, em que se feche o extraordinário *O Príncipe* e se reabra outra vez o ordinário *De regimine principum*. Daí que tenha na altura pensado que, se alguém quisesse encontrar a sombra de Maquiavel na ética política portuguesa, era nestes alvitristas ultramarinos que essa sombra se havia de encontrar, à maneira das sombra monstruosas que o poder da coroa projeta nas colônias distantes, extravagantes dos seus limites naturais, distorcendo a imagem daquilo que devia ser (da deontologia política).

Os estudos sobre Macau deram um livro,[10] onde procurei descrever o sistema de poder colonial, especialmente referido ao império do Oriente, ilustrado com referências à armadura institucional de suporte. Foi este livro que inspirou o curto capítulo que se ocupa do Ultramar na *História de Portugal* – artigo cuja mesquinhez se deve ao facto de se contar, inicialmente, publicar um volume apenas para a Expansão, pelo que nenhum dos outros

---

10 *Panorama da história institucional e jurídica de Macau*. Macau: Fundação Macau, 1995 (síntese em: "Estruturas político administrativas do Império português", em *Outro mundo novo vimos*. Catálogo. Lisboa: CNCDP, 2001).

CALEIDOSCÓPIO DO ANTIGO REGIME   17

volumes se ocuparia do tema. O artigo foi, assim, um remendo, baseado num texto que, com Catarina Madeira Santos, preparara para um colóquio veneziano, onde o pude discutir com Anthony Pagden e com Adriano Prosperi.[11] Mas não passava, realmente de um esboço. Embora lá esteja o miolo do tema, com uma ressalva cuidadosa quanto ao Brasil, cuja situação eu então não estudara suficientemente e que então me parecia poder ser diferente, sobretudo pela contaminação do exemplo da colonização espanhola na América Central e do Sul. Lá chegaria, uns anos depois.

Entretanto, na Europa, a fortuna do modelo também beneficiaria muito, sobretudo dos trabalhos de Pedro Cardim e de Jean-Frédéric Schaub.

O primeiro, num trabalho exaustivo sobre um tipo de fontes diferente das utilizadas por mim, reforçou poderosamente o argumento do caráter alternativo dos cânones do poder na sociedade de Antigo Regime, salientando como estes se alicerçavam sobretudo no condicionamento pelos sentimentos – dos sentimentos domésticos às virtudes da moral clássica e cristã –, transformados em deveres jurídicos pela estrutura absorvente e esponjosa do direito comum. Da piedade familiar surgiam os deveres e direitos jurídicos (*dominica potestas*) dos *patresfamilias* em relação aos seus familiares e dependentes, incluindo os escravos. Da *gratia* (ou *liberalitas*, *caritas*) surgia a mercê (ou *beneficium*), eventualmente o direito à mercê. Da *misericórdia* surgia o perdão, eventualmente o direito ao perdão. Da *fraternitas* (ou simplesmente da *amicitia*) surgia a *compositio* ou *compromissum*, eventualmente o dever de entrar em compromisso amigável, de resolver as questões *per dimidiam* (de cortar as diferenças

---

11 Com muitos exemplos da mesma periferização do poder colonial, abrangendo o século XVIII, ver, recente, Maria de Jesus dos Mártires Lopes (coord.), *O Imperio Oriental. 1660-1820*, tomo I. Lisboa: Estampa, 2006.

18   ANTÓNIO MANUEL HESPANHA

pelo meio). É esta a economia moral – para usar a terminologia de E. P. Thompson – que Pedro Cardim reconstitui, num quadro geral que consome e ultrapassa de longe estudos meus e de Bartolomé Clavero sobre uma sub-região singular deste mundo dos deveres estritamente não devidos ("antidorais") – a "graça".[12] Tudo está apenas *in nube* no meu livro, pelo que cabe totalmente ao meu colega o mérito da sua extensa explicitação.

Jean-Frédéric Schaub continuou as *Vésperas* em duas direções. A primeira foi a de aplicar muitos dos seus tópicos explicativos à análise de uma conjuntura – a da Restauração portuguesa de 1640, rejeitando uma explicação macro do acontecimento – a tradicional

---

12 A. M. Hespanha, "Les autres raisons de la politique. L'économie de la grâce". In: J.-F. Schaub (ed.), *Recherches sur l'histoire de l'État dans le monde ibérique (15e.-20e. siècles)*. Paris: Presses de l'École Normale Supérieure, 1993, p. 67-86; também em Pierangelo Schiera (a cura di), *Ragion di Stato e ragione dello Stato (secoli XV- XVII)*. Napoli: Instituto Italiano di Studi Filosofici, 1996, p. 38-67. Note-se, de passagem, que a graça – que suscita no beneficiário a gratidão e o move a praticar um novo ato de graça a favor do primeiro benfeitor – é a mola tanto do serviço como da mercê. Daí que, se queremos descrever a lógica do todo, devemos falar numa lógica (economia, gramática) da graça e não da mercê. Ou seja, a economia da graça engloba tanto a economia do serviço como a economia da mercê. Já o contrário não se verifica; pelo que falar de economia da mercê é destacar um aspecto só de uma constelação incindível (a graça, a gratidão, o serviço, a mercê), tornando as expressão, não apenas menos abrangente, como amputadora. Mas, como é evidente, isto é um detalhe, a que apenas me refiro pelas quase inúteis notas de rodapé que tem gerado. Mais importante é destacar que a lógica da mercê – a chamada cultura hervegetista – floresce tanto em culturas desmonetarizadas como em culturas de capitalismo nascente. Basta invocar a lição de Bartolomé Clavero, quando a liga à economia moral dos primeiros bancos (em Bartolomé Clavero, *Antidora. Antropolgia católica de la economia moderna*. Milano: Giuffrè, 1991). Também eu utilizei este esquema conceitual para explicar o caráter endêmico dos déficits financeiros dos sujeitos políticos – coroas, grandes casas senhoriais – do período "corporativo" ("O cálculo financeiro no Antigo Regime". In: *Actas do encontro ibérico sobre história do pensamento económico*. Lisboa: CISEP, 1993; versão espanhola, "Cálculo finaciero y cultura contable en el Antiguo Régimen". In: Carlos Petit (ed.), *Del ius mercatorum al derecho mercantil*. Madrid: Marcial Pons, 1997, p. 91-108.

explicação da "revolta nacionalista" – e adotando uma narrativa que traz para o proscênio os elementos micro das tensões entre grupos e redes de amigos e clientes, que se alinham em torno da prossecução de interesses particulares, tanto no sentido de próprios de um grupo como no de referidos a uma situação concreta. Salienta ao mesmo tempo a importância do argumentário jurídico e dos seus operadores – os juristas – no modelo corporativo de fazer política. Como Schaub explica muito bem – e de forma insuspeita, porque não é jurista nem historiador do direito – a política faz-se tanto na corte como no tribunal; e, mesmo quando se faz na corte, faz-se segundo os cânones do direito: estribada em requerimentos, em papéis arrazoados ao estilo do direito, invocando direitos, usos e estilos, clamando pela Justiça.

Mas a contribuição mais importante de Schaub foi a de demonstrar a sorte que este modelo, que tinha sido estudado para uma monarquia ibérica, tinha tido, para além dos Pireneus, naquele que é tradicionalmente considerado como o centro de um modelo oposto de governar – o modelo centralista e estadual, típico da monarquia bourbônica francesa. Num livro escandaloso para a historiografia francesa,[13] Schaub revela como, afinal, o Sol começou por ser planeta de um sol ibérico, o dos Áustrias maiores, um sol político organizado segundo o modelo corporativo, particularista e, já agora, católico. Mas, ao mesmo tempo, como este modelo que aspirava ao domínio por uma só cabeça do mundo inteiro ("monarquia católica") era suficientemente dúctil para admitir, tanto parcerias diversas no governo da cabeça,[14] como formas múltiplas de reconhecimento das particu-

---

13 Jean-Frédéric Schaub, *La France espagnole: Les racines hispaniques de l'absolutisme français*. Paris: Seuil, 2003.

14 Integrando reinos com constituições "pactadas", como a Catalunha ou, mesmo, Portugal, reinos com regimes forais, como as Vascongadas ou Txlalcala, no México, reinos com tribunais que se intitulavam de "soberanos", como acontecia com alguns

laridades políticas locais e, assim, aspirar a um governo ecumênico que só era possível na base desta flexibilidade das formas e modelos de domínio. Se os estudos de Schaub fossem prolongados por outras áreas dos governos europeus nos séculos. XVI a XVIII, creio que o âmbito geográfico do modelo corporativo se alargaria ainda. Creio que isso seria probabilíssimo no mundo anglo-saxônico, onde a matriz jurídica é muito semelhante à do direito comum continental. E também já vai havendo bastantes sinais de que este modelo é aplicável às colônias da América Latina e, até, a outras entidades políticas tradicionais.[15] Realmente, o que é difícil na história do mundo é encontrar Estados centralizados, não o contrário.

Em que medida é que este modelo é aplicável ao Brasil?

A partir de uma curta comunicação apresentada no congresso anual da *Society for Spanish and Portuguese Studies*, realizado em Nova Iorque, na primavera de 2000 (*The constitution of Portuguese empire. Revision of current historiographical biases*), levei a cabo leituras mais sistemáticas das fontes e literatura secundária relativas à administração colonial no Estado do Brasil. Fiquei, a partir de então

---

conselhos palatinos dos domínios italianos, cidades com autonomia jurisdicional quase completa, que se dominavam "cabeças de reino", como Salvador, ou outras que se partilhavam nas suas dependências entre dois impérios, como Macau.

15 Sobre alguma da literatura europeia mais recente acerca dos modelos políticos pré-revolucionários, ver Laura Mello e Souza, *O sol e a sombra, op. cit.*, p. 52 ss. Mais ainda: Angela de Benedictis, "Una 'nuovissima' storia costituzionale tedesca. Recenti tematiche su stato e potere nella prima età moderna", *Annali dell'Istituto italo-germanico in Trento*, 16 (1990), p. 265-301; Jean-Frédéric Schaub, "La penisola iberica nei secoli XVI e XVII: la questione dello Stato", *Studi Storici*, anno 36, gennaio-marzo 1995; *Idem*, "L'histoire politique sans l'état: mutations et reformulations", *Historia a debate*, III, Santiago de Compostela, 1993, p. 217-235; *Idem*, "Le temps et l'État: vers un nouveau régime historiographique de l'ancien régime français", *Quad. fior. st. pens. giur. mod.*, 25 (1996), p. 127-182; Angelo Torre, "Percorsi della pratica. 1966-1995", *Studi storici*, 1995, p. 799-829; Roberto Bizzochi, "Storia debile, storia forte", *Storia*, 1996, p. 93-114.

CALEIDOSCÓPIO DO ANTIGO REGIME   21

com a convicção de que, afinal, o modelo corporativo de governo não apenas se adaptava perfeitamente ao que as fontes da época nos transmitiam, como era indispensável para remover algumas distorções muito difundidas na história colonial brasileira, na sua narrativa das relações entre a metrópole e a colônia e na das origem e eclosão do movimento independentista. Expus as minhas primeiras conclusões num volume colectivo que tem sido lido como integrado nesta mesma inspiração,[16] tendo desenvolvido esse meu texto em comunicações sucessivas.[17]

---

16 A. M. Hespanha, "A constituição do Império português. Revisão de alguns enviesamentos correntes". Maria Fernanda Bicalho, João Fragoso et al, "A Constituição do Império português. Revisão de alguns enviesamentos". In: *O Antigo Regime nos trópicos. A dinâmica imperial portuguesa (séculos XVI-XVIII)*. Rio de Janeiro: Civilização Brasileira, 2001, p. 163-188. A minha colega Laura de Mello e Souza deu-se ao trabalho de contar quantas vezes aí sou citado, atribuindo-me o honroso título de "campeão das referências"; apesar da substancial vantagem de ter ganho um lustroso capital simbólico, aproveito para declinar qualquer responsabilidade no fato e de pedir desculpa aos colegas preteridos, apesar autores de "chaves analíticas mais estruturais".

17 "Estruturas político administrativas do Império português". In: *Outro mundo novo vimos*. Catálogo. Lisboa: CNCDP, 2001; "Porque é que foi portuguesa a expansão portuguesa?", comunicação apresentada ao *Colóquio Internacional do Centro de História do Além Mar* ("De um e de outro lado do Atlântico"), 2-4 Novembro 2005, a publicar nas respectivas atas, bem nas do encontro *O Governo dos Povos. Poder e administração no Império Português*, UFF, Paraty, 2005 (cujas atas: Laura de Mello e Souza, M. Fernanda Bicalho e Júnia F. Furtado, *O Governo dos Povos*. São Paulo: Alameda, 2007); "Porque é que existe e em que é que consiste um direito colonial brasileiro?", comunicação ao *Encontro Brasil-Portugal: sociedades, culturas e formas de governar no Mundo Português – sécs.* XVI *a* XVIII, Departamento de História e Linha de Pesquisa História Social da Cultura/ PPGHIS, IFMG, Belo Horizonte; publicada em Júnia F. Furtado et al, *ibidem* São Paulo: Annablume, 2006; a ser também publicada em *Quaderni fiorentini per la Storia del pensiero giuridico moderno*, 2006. Para um balanço do tema, cf., também, Pedro Cardim, "O governo e a administração do Brasil sob os Habsburgo e os primeiros Bragança", *Hispania. Revista del Consejo Superior de Investigaciones Científicas*. Madrid, vol. LXIV/I, n° 216 (Enero-Abril 2004), p. 117-156.

Para mim, as conclusões que tirava para o Brasil nada tinham de surpreendente ou de extraordinário, se excetuarmos que não se verificara aí uma antes suspeitada influência do modelo espanhol de domínio colonial, o qual também se tem vindo a verificar não ser, nem de longe, tão centralista como se dissera. De fato, se o policentrismo, o pluralismo jurídico-político, a confusão jurisdicional, a raquítica extensão do domínio periférico da coroa, se verificavam no Reino, um pedacinho territorial de 89 000 km², territorial e linguisticamente integrado desde o século XIII, como é que isto podia deixar de acontecer num imenso território, cujas costas estavam separadas da metrópole por mais de um mês de Oceano a atravessar, cujos interiores eram, para além disso, muito pouco acessíveis a partir da costa, um território enorme, dividido por sertões, por rios, por florestas, por nativos pouco dômitos, por colonos ainda mais indômitos e senhores de si, habituados à vida política de um "território de fronteira"? De resto, a leitura das fontes, oficias ou particulares, jurídicas ou literárias, intencionais ou *obiter dicta*, era esmagadoramente consistente na imagem transmitida: uma sociedade que se habituara a viver sobre si, onde bandos e partidos faziam a lei, ao mesmo tempo que sofriam mal a lei do rei ou a da Igreja, que usavam da chicana judicial para enrodilharem as situações inconvenientes, quando não as deslindavam de formas mais brutalmente expeditas, em que as autoridades nem eram normalmente obedecidas nem sustentadamente reverenciadas, em que estas mesmas participavam no estilo local de vida, usurpando-se mutuamente as jurisdições, parasitando com pouca subtileza a jurisdição real que representavam, envolvendo-se em querelas judiciais intermináveis, cruzando agentes nas viagens à corte, onde buscavam favores nos diversos lugares a que se reportava a administração ultramarina, ligando-se de muitos modos a interesses locais. As descrições deste tipo são tão abundantes e tão repetitivas

CALEIDOSCÓPIO DO ANTIGO REGIME   23

– variando apenas interminável o rol das peculiaridades locais – que nem paga a pena transcrever aqui exemplos.[18]

A versão que dou nesses artigos não tem nada de novo. Os melhores intérpretes da realidade histórica do Brasil colonial não dizem outra coisa. Com raríssimas excepções, todos identificam o "sentido" da colonização portuguesa do Brasil com uma enorme falta de domínio do centro sobre a periferia, lamentando-a uns, como sinal de confusão e de irracionalidade, congratulando-se outros com ela, como sinal da vitalidade própria da sociedade brasileira.[19] Mas todos aportando intuições fundadas no seu profundo e meditado trabalho das fontes e da realidade do Brasil, a qual, tal como a portuguesa, manteve esses traços corporativos e fortemente localistas até praticamente os nossos dias.[20]

E, realmente, porque é que os portugueses haviam de ter como desígnio construir, no Brasil, uma sociedade diferente daquela que eles conheciam e em que viviam. Eu creio que havia muito quem quisesse, na altura, fazer do Brasil, "um outro Portugal", como então mais do que um escreveram.[21] É certo que muitos, mesmo muitos

---

18 Ver artigos citados nas notas anteriores e muitas fontes e bibliografia aí citadas.

19 Sobre esta historiografia, ver, ultimamente, Laura de Mello e Souza, *O sol e a sombra, op. cit., maxime* p. 27-40. Sobre um idêntico sentido na historiografia estrangeira dedicada ao Brasil, v. p. 41 ss.

20 Por isso eu mesmo entendo o empenho em manter vivo este legado, feito de "tradições a considerar", não decerto – digo eu… – por serem *tradições*, mas antes por conterem – se e quando contiverem – sabedoria e acerto.

21 Cf. testemunhos em Evaldo Cabral de Melo, *Um imenso Portugal – história e historiografia.* São Paulo: Ed. 34, 2002. Claro que este tópico de "um imenso Portugal", glosado ironicamente por Chico Buarque, nunca se realizou nem podia realizar, ficando como um tópico ideológico que o salazarismo usou até ao enjoo, e a que Gilberto Freyre deu alguma caução, ainda que salientando com grande saber e eloquência, a especificidade desse (palavras dele …) "mundo que o português criou".

destes partidários da clonagem lusa, estavam – há imensos testemunhos disso e, de resto, a teoria social da época explicava-o claramente – conscientes de que os climas, o meio físico e a distância haviam de tornar diferente as sociedades tropicais. Mas isso não era algo de procurado – nomeadamente como forma de facilitar a exploração[22] –, mas antes algo que tinha que ser sofrido, como pertencente à natureza das coisas. A colonização europeia foi, toda ela, eurocêntrica; isso estava implícito quer no conceito de *evangelizar*, como no de *civilizar*. Para não sair do Brasil, confronte-se o modelo jurídico-legal da colonização holandesa. Também aí, como nos programas urbanísticos e decorativos de Maurício de Nassau, nos deparamos com um projeto mimético em relação à sociedade neerlandesa e norte-alemã, em que os elementos nativos constituem, não o eixo da representação, mas os detalhes exóticos que testemunha a grandeza do domínio da Europa[23] e em que o propósito centralizador, nos aspectos administrativos e econômico-financeiros, eram ainda mais vincados do que os da colônia portuguesa.[24] Atente-se apenas na constituição dos órgãos de governo, mesmo municipal, reservados a holandeses (ou seja, "reinóis") e de religião reformada. Claro que, também aqui, o projeto de "uma nova Holanda" teve que se adaptar, tanto às condições mesológicas, como à existência de uma vasta colônia luso-brasileira, com a qual rapidamente se teceram laços de convivialidade e de interdependência. E

---

22 Cf. indicações de interpretações históricas neste sentido de que a diferença colonial era procurada.

23 Sobre os programas políticos, urbanísticos e decorativos de Nassau, no Brasil e na Europa, ver o belo livro de Evaldo Cabral de Melo, *Maurício de Nassau*. São Paulo: Companhia das Letras, 2006.

24 Sendo por isso que se criou, em certos círculos intelectuais brasileiros, a ideia de que o Brasil teria ganho mais com a colonização projetada, metodicamente aplicada, rigorosa, austera e protorracionalista, do que com a improvisada e descuidada colonização portuguesa.

o resultado voltou a ser essa amálgama intrincada de poderes da sociedade corporativa, apesar de tudo mais bem suportada pelo direito comum clássico da Europa centro-meridional do que pelo mais estrito *Roman-dutch law.*[25]

Entre os estrangeiros não portugueses[26] há material de sobra para corroborar o carácter centrífugo e localista do sistema político português, também nas colónias. Poderia desenvolver muitíssimo este ponto, recorrendo a nomes tão prestigiados como Charles R. Boxer, John Russel-Wood, Stuart Schwartz e outros. Mas, já que me estou a referir ao insuspeito texto de Laura de Mello e Souza, tomo-o como testemunho. Pois nele se pode ler que Charles Boxer afirma que

> A Câmara e a Misericórdia podem ser descritos, com algum exagero, como os pilares gémeos da sociedade colonial portuguesa do Maranhão até Macau. Elas garantiam uma continuidade que os governadores, os bispos e os magistrados transitórios não podiam assegurar [...] [27]

Ou que John Russel-Wood insiste "no caráter sistêmico da descentralização administrativa e [n]as numerosas atribuições e

---

25 Sobre a colonização holandesa em Pernambuco: crônica da época, Manuel Calado do Salvador, *O valeroso Lucideno on triunfo da liberdade.* Lisboa, 1648 (ed. rec. Recife: FUNDARPE, 1985); fontes administrativas, *Revista trimestral do Instituto Historico-Geograhico e Etnographico do Brazil,* Tomo 49, 2° vol., 1886, José António Gonsalves de Mello (ed.), *Fontes para a história do Brasil holandês,* 2 vols. Recife, 1981 e 1985 (ed. rec. Recife: FUNDARPE); monografias principais (para além da vasta e conceituada obra de Evaldo Cabral de Melo, J. A. Gonsalves de Mello, *Tempo dos flamengos. Influência da ocupação holandesa na vida e na cultura do Norte do Brasil.* Rio de Janeiro, 1947 (ed. rec. Recife: FUNDAJ/ Massangan, 1987); Charles Ralph Boxer, Os *holandeses no Brasil.* Pemambuco: CEPE, 2004.

26 Sobre esta historiografia, ver, ultimamente, Laura de Mello e Souza, *O sol e a sombra, op. cit., maxime* p. 27-48.

27 *Idem, ibidem,* p. 42.

responsabilidades do "homem no local".[28] Ou que o português Francisco Bethencourt aponta, no estudo do oficialato local, para o efeito periferizante da venalidade dos cargos, ainda que com uma dimensão que Laura de Mello e Souza parece considerar, e muito bem, ainda insuficientemente valorizado.[29]

Nem por isso a inspiração interpretativa que o livro abriu tem estado, no Brasil, isenta de críticas, por vezes pesadas, e vindas de historiadores brasileiros de peso. Isto não apenas é natural como me estimula muito, obrigando-me a pensar e rever coisas ditas, tanto quanto à sua pertinência ao mundo colonial, como quanto ao seu rigor no próprio cenário original do livro. Gostava de deixar aqui apontado um apanhado dessas críticas e revisitações minhas, quer como um *caveat* dirigido ao leitor, quer como uma homenagem a uma historiadora e uma colega estimada de há muito, que ultimamente me prestigiou com uma análise desmerecidamente alongada e *pointilleuse* dos meus pontos de vista. Refiro-me a Laura Mello e Souza, no artigo introdutório ao seu último livro *O Sol e a sombra*.[30]

A primeira crítica que se dirige ao meu estudo – o seu "calcanhar de Aquiles" – seria "a pouca atenção dada à especificidade dos diferentes contextos imperiais – ou mesmo "o descuido quanto aos contextos imperiais".[31] Esta crítica suscita duas linhas de contra-argumentação. Uma delas é a de referir que, nas menos de cem páginas que até hoje dediquei ao sistema político corporativo no "Império" não pretendi fazer um levantamento exaustivo das miríades de situ-

---

28 *Idem, ibidem*, p. 45.

29 *Idem, ibidem*, p. 46. Veja-se, como a melhor síntese, o completo e extenso artigo de Alberto Gallo, "La venalidad de oficios publicos en Brasil durante el siglo XVIII". In: Marco Bellingeri, *Dinamicas de Antiguo Régimen y orden constitucional*. Torino: Otto Editore, 2000.

30 *Op. cit.*, p. 48 ss.

31 *Idem, ibidem*, p. 48.

CALEIDOSCÓPIO DO ANTIGO REGIME   27

ações aí existentes; mas lembro-me de ilustrar a minha linha geral de argumentação com exemplos tirados de Timor, Macau, Malaca, Goa, Ormuz, Moçambique, Angola, Pernambuco, São Paulo, Minas Gerais. E li o suficiente para saber que não teria que rebuscar absolutamente nada, nem de desbancar estantes de arquivos para encontrar milhares de exemplos de afirmação de poderes locais, de incumprimentos de ordens metropolitanas, de instituições localmente criadas, de conflitos insanáveis de jurisdições, de atropelos e de desaforos, de poderosas coligações vitoriosas de interesses coloniais. A segunda consideração é mais fundamental, segundo creio. A periferização do poder e o localismo ou caráter contextual das configurações políticas, bem como outras características que estão muito corretamente listadas no texto que estou a comentar[32] são, como já disse, uma característica sistêmica do sistema político corporativo,[33] gerada pela abertura do direito de então às normas locais da vida social. Isto sabemo-lo a partir da própria doutrina política e jurídica, lendo as suas fontes (coisa que, em contraste com a minha natureza de *parvenu* ao mundo colonial,[34] faço continuamente há várias décadas). Daí que, tal como os astrônomos fizeram com o agora malogrado Plutão, possamos prever todas estas características sempre que haja uma base empírica que torne altamente provável a gestação de um sistema político deste tipo. Só que, no caso concreto, a comprovação empírica está aí à mão. Cada manifestação de uma nova adaptação contextual ainda reforça a validade do modelo, mostrando como ele

---

32 Cf. p. 48-49: "jurisdicionalismo", "governo polisinodal", "processo com garantia de contraditório"; limitação dos poderes da coroa, confusão jurisdicional e consequente atonia administrativa.

33 Ou, como diz, muito bem, Laura de Mello e Souza, "um elemento constitutivo e característico" deste sistema (p. 48).

34 Cf., com alguma justeza, p. 51-52. Não sou, de fato, quatrocentão nesta área.

é capaz – ao contrário dos modelos políticos universalistas que virão depois – de incorporar os localismos e reverberar as diferenças.

Ao contrário, dizia eu, *dos modelos universalistas que virão depois...* Como expliquei num dos capítulos das *Vésperas* [...], o sistema corporativo soçobra face ao geometrismo do racionalismo setecentista, com algumas raízes teóricas ainda anteriores. A partir de então, paulatinamente e segundo perfis cronológicos variáveis, vai-se implantando a ideia de que o bom governo obedecia a máximas racionais e universais, que decorriam da natureza racional dos consócios, mas que convinha que o centro político impusesse de uma forma racionalmente despótica. Daí que eu sempre tenha repetido que, a partir da segunda metade do século XVIII, muito pode começar a mudar, desde logo um novo e central lugar das ideias de "disciplina" e de "boa polícia" (a *gute Policey* alemã, que os franceses rapidamente adotam sob a etiqueta de "science de la police", como sinônimo de arte de organizar disciplinadamente a *polis* segundo modelos científicos tendencialmente universais). Só que isto chega tarde a Portugal e aos seus domínios;[35] se não me engano (e, francamente, acho que não me engano e que, portanto, não há por aqui grandes "problemas a contornar"), é mesmo só com Pombal e com os ministros ilustrados de D. Maria que planos particulares e gerais de uma organização política do Ultramar ganham forma, primeiro em relatórios, consultas e diretórios, depois em projectos concretos de reformas territoriais, econômicas,

---

35 Ver, justamente para o Brasil e para Portugal, Airton L. Cerqueira-Leite Seelaender, *Polizei, Ökonomie und Gesetzgebungslehre*. Frankfurt am Main: Vittorio Klostermann, 2003; *Idem*, "A polícia e o rei-legislador: notas sobre algumas tendências da legislação portuguesa no antigo regime". In: Eduardo C. Bittar (org), *História do direito brasileiro: leituras da ordem jurídica nacional*. São Paulo: Atlas, 2003; e ainda, sobre um ponto mais particular, Gizlene Neder, *Iluminismo jurídico-penal brasileiro. Obediência e submissão*. Rio de Janeiro: Freitas Bastos Ed., 2000.

CALEIDOSCÓPIO DO ANTIGO REGIME   29

urbanísticas e de governo, que visam vários pontos e situações do império, desde Macau ao Brasil, passando por Angola.[36] Antes, há alguns assomos disciplinadores; como Laura Mello e Souza descreve, sobretudo no domínio da fazenda. O que não me espanta nada, não apenas pela excitação (mesmo reformista) que o cheirinho do vil metal sempre causa, mas também porque se tratava de um domínio que sempre escapou ao espartilho jurisdicionalista, de acordo com a própria doutrina corporativa. A fazenda era a gestão da casa de el-rei, fazia parte do seu domínio doméstico, os seus funcionários não eram sequer "des vraies officiers de la République" (como escreve Jean Bodin), dominando aí o rei como um *pater-familias* de poderes (domésticos) indisputados.[37] Por uma coisa e por outra, a fazenda foi sempre o alfobre das novidades das monarquias corporativas e, também, o campo de eleição dos negregados alvitristas, de *arbítrio* (vs. *razão*) sempre pronto a inventar novos meios de fazer crescer a riqueza do rei, mesmo com o risco de criarem esse monstro da deontologia régia, que era um rei rico feito à custa da pobreza dos súditos.[38] Daí que, para quem se ocupe de

---

36 Dos melhores trabalhos sobre este período "reformista" é a tese, ainda inédita, de Catarina Madeira Santos sobre os projetos de reforma iluminista para Angola (*Um governo polido para Angola. Reconfigurar dispositivos de* domínio, defendida em dezembro de 2005, na Faculdade de Ciências Sociais e Humanas da Univ. Nova de Lisboa).

37 Cf. Bartolomé Clavero, "Hispanus fiscus, persona ficta: concepción del sujeto político en el ius commune moderno", *Quaderni Fiorentini* [...], 11-12, 1982-83. p. 95-167.

38 Em contrapartida – e com o respeito e amizade que me ligam a eles – já me parece que as novidades que Nuno G. Monteiro e Mafalda Soares da Cunha identificaram nas carreiras ultramarinas de governadores do ultramar não têm nada a ver, segundo creio, com a questão que se discute, que é a da extensibilidade ou não ao ultramar de paradigmas gerais de governo e da sua cronologia (cf. p. 49). Eles tratam de um outro assunto – também muito importante –, que é basicamente o do sentido percursos ultramarinos – e, naturalmente, da sua caracterização

temas muito estreitamente relacionados com a fazenda – como a mineração e a cobrança dos direitos reais dos quintos, ou de regiões mineiras em que estes eram os problemas centrais – o século XVIII já apareça como um período de aperto do controlo; embora, os historiadores dessa época – como, antes de todos, Laura de Mello e Souza e Júnia F. Furtado – também saibam, que este controle era quase sistematicamente aniquilado por mil e uma formas de fuga, que, "de tão subtis e tão peritas, mal podem sequer ser bem descritas " (para citar um belo verso de Sophia de Mello Breyner).

A questão central – que arranca do próprio título da já citada colectânea *O Antigo Regime nos Trópicos* e que constitui a espinha dorsal das vigorosas reticências de Laura de Melo e Souza – é, porém, outra, e esta, de fato, central: o Antigo Regime poderá existir "nos trópicos"? Ou seja, substituindo a referência geográfica por uma referência política, *Antigo Regime* e *Regime Colonial* podem coexistir?

Dou de barato que a expressão Antigo Regime é, pelo menos equívoca e, com isso, dispenso-me de analisar toda a argumentação sobre o sentido de "Antigo Regime" desenvolvida de p. 63 a 67. Realmente, eu nem uso essa designação nos títulos dos meus textos, embora talvez a tenha utilizado, com um sentido meu próprio, porventura pouco ortodoxo. Tão pouco me detenho muito na questão "das distâncias", o tal "descuido" (p. 50) que me leva a meter no mesmo saco o longínquo Macau e os próximos Rio ou Salvador. As distâncias a que me refiro são as que determinam a acessibilidade geográfica ou simbólica e não as que medem os compassos ou os relógios. E essas podem ser maiores para o interior de um sertão do que para uma longa viagem por mar. De resto, o que eu digo e aí se

---

quantitativa e tipológica – na carreira da nobreza e alta nobreza de Portugal. Boa história, mas é outra estória...

CALEIDOSCÓPIO DO ANTIGO REGIME   31

cita é que "os governadores ultramarinos estavam isolados da fonte do poder por viagens que *chegavam a* levar anos" (p. 50).

Vou antes ao miolo do argumento.

A primeira impossibilidade da minha tese é um bocado "traiçoeira". Soa assim (p. 51). Eu, que insisto tanto num sistema alternativo de poder, onde este se exercia de forma "doce" e quase puramente simbólica, pelo reconhecimento de um soberano e de uma pátria comum, quando me encontro com ele, no ultramar, o acho tão diáfano que nem o vejo, negando que exista e fixando-me apenas na visibilidade dos poderes locais. Ora, respondem-me,

> claro que o Estado existe; e existe precisamente como tu achas que devia existir, ou seja frágil e dominado pelos "nichos locais onde o poder se constrói"; só que, entretanto, quando o encontraste aqui, assim mesquinho e fraco, tu caíste na tua própria armadilha, esquecendo-te que lhe tinhas retirado quase todo o poder institucional e não reconhecendo nele aquilo que afinal lhe deixaste, uma mera cobertura simbólica.

Se não me engano, eu não digo que o "Estado" (valha a simplificação) colonial não exista. Sim, existe, nas colônias e no reino, como eu tenho defendido que ele era. E manifestava-se também nisso de que, muito disciplinadamente, todos tripudiavam e faziam tropelias "em nome d'el-rei", guiados pelo amor que tinham à coroa e ao seu rei. E a própria coroa, em estado de necessidade e em transe de perder até a face, frequentemente cobria os desmandos, ou com o silêncio de presumida ignorância, ou com o manto do perdão ou mesmo com o alarde de uma mercê por tais serviços. Pode, realmente, dizer-se que o modo de governar do "Estado moderno" era este, o *de se deixar invocar*;[39] e que exigir-lhe um poder mais efectivo não passa de uma retroprojecção da imagem que mais tarde se formou do Estado, nomeadamente desse Estado distante, exigente e dominador, que é o "Estado com colônias" (ou o "Estado nas colônias").[40] Para mim, isto não é armadilha nenhuma, antes corresponde ao ponto de fuga, à linha de tendência, do que defendo como sendo a natureza sistêmica das monarquias corporativas, tão bem expressa na lista dos poderes do rei que, vinda do direito lombardo, se pode ler no título II, 26 ("Dos direitos reais") das *Ordenações filipinas*.[41] Para quem este osso é duro de roer é para quem vê no dito "Estado com colônias" um *Leviathan* nos trópicos, poderoso, mandão, predador, rapace. Só que isto é dificilmente suportado por essa enumeração dos "direitos reais" a que acabei de me referir, decorrendo antes daquilo que a teoria política mais moderna (oitocentista) do Estado e da colonização colocou como conteúdo corrente das palavras "Estado" e "colonização". Em suma, para mim uns trópicos sem *Leviathan* não me aborrece

---

39 Nomeadamente no domínio da justiça, sempre feita "em nome de El-rei", por muito contrária que fosse ao seu direito; sobre a justiça, num sentido que não me parece destoar do que aqui insinuo, ver, como do mais recente e mais interessante, Sílvia Hunold Lara e Joseli Maria Nunes Mendonça, *Direitos e Justiça no Brasil*. Campinas: Ed. Unicamp, 2006. As duas autoras pertencem a um ramo da historiografia que estuda a equivocidade do direito, mesmo da lei: e, logo, as virtualidades de um seu uso "alternativo", jogando a favor dos dominados. Também neste sentido se poderia falar de uma "periferização do direito".

40 Cf. Laura Melo e Sousa, *O sol e a sombra, op. cit.*, p. 51 ss.

41 Jean Bodin escrevia, em 1577, que "d'autant que la puissance souveraine est moindre, reservées les vraies marques de la majesté, d'autant elle est plus absolue". Porém, o que ele aqui diz, não se refere a uma concepção minimalista e puramente simbólica de Estado (até porque há a reserva das tais "vraies marques de la majesté", que não são poucas), mas ao poder conformativo e disciplinador do segredo, bem como ao uso político da dissimulação, que torna útil esconder o poder, quando este corre riscos de ser desfeiteado. Todos conhecemos, ainda hoje, as vantagens desse uso econômico e reservado do poder.

CALEIDOSCÓPIO DO ANTIGO REGIME   33

mais do que um *Leviathan* sem trópicos; não sei, porém, se não per-
turbará um tanto a imagem tradicional de um "Império colonial"...
como Deus mandava.

A segunda questão substanciosa quanto à incompatibilidade
entre "Antigo Regime" (perdoe-se-me a facilidade de expressão...) e
"Sistema colonial" relaciona-se com o fato de a América portuguesa
se ter "assentado na escravidão" (*ibidem*, p. 56). Eis um ponto em
que entro com pouco à vontade, de tal modo me parece central na
compreensão da sociedade brasileira, colonial e pós-colonial. Sendo
ainda certo que se trata de uma questão multifacetada e complexa,
como o prova a turbulência da sua historiografia, traço para o qual
Laura Melo e Souza chama, de resto, a atenção (p. 61). Acresce que,
aí decisivamente sim, sou tudo menos um especialista. Em todo o
caso, sempre exporei algumas perplexidades sobre esta alegada incompatibilidade entre o sistema corporativo e o sistema esclavagista
(ou escravocrata, como se diz no Brasil).

Em primeiro lugar, todo o tesouro de imagens e de conceitos
que permitiu justificar e sustentar ideologicamente a escravidão
tem uma indubitável origem europeia. A escravidão é uma figura
do direito romano, por este detidamente regulada, regulação que
foi a única matriz jurídica disponível, naturalmente reelaborada
por juristas europeus, quase todos ibéricos, dos quais destaco o
luso-espanhol Luís de Molina, cuja doutrina relativa aos escravos
já foi objeto de um artigo meu.[42] Antes disso, a escravatura fora
objeto de reflexões antropológicas e filosóficas de Aristóteles, que
a filosofia, a ética e a política europeias incorporaram e as leis
copiaram. Por cima disto, o sistema corporativo construíra toda
uma moldura de autonomia jurídica e governativa da "casa", da

---

42 "Luís de Molina e a escravização dos negros", *Análise Social*, 157 (2001), p.
937-990.

qual os escravos faziam parte, juntamente com outros membros da família.[43] Para a sociedade corporativa, os escravos eram um elemento da casa, da família, e não, a bem dizer, um elemento da *polis*, da *respublica*, do Estado, o qual Jean Bodin define como "uma *respublica* de famílias". Ou seja, do ponto de vista da mundividência corporativa, o escravo, ou mesmo uma multidão de escravos, não constituía um elemento dissonante da comunidade, que obrigasse a reconfigurar o seu desenho, a sua teoria, o seu direito. E, de fato, não conheço nem tratados de ética, nem códigos, nem leis substanciais, que lidem com o problema da escravidão massiva no Brasil. Aparentemente, o que viera da Europa, chegava. Apesar de tudo, pergunto humildemente, há alguma construção doutrinal específica, alternativa, no Brasil de Antigo Regime, sobre a questão da escravidão? Tudo isto, dir-se-á, passa-se no tal domínio que me magnetiza e me faz esquecer o real, a prática, a questão política do governo dos escravos. Mas, volto a ousar exprimir uma sensação. O governo dos escravos não foi sempre – pelo menos no período colonial, porque, depois, as coisas agudizam-se, requerendo outra panóplia de medidas – uma questão essencialmente doméstica? Uma questão que a sociedade civil resolvia entre si, o mais das vezes fora de qualquer enquadramento legal e sem qualquer recurso às forças oficiais? Claro que meirinhos e autoridades colaboravam na perseguição e busca de escravos fujões ou quilombolas, ajudavam na destruição de um ou outro quilombo. Claro que, em última instância, lá estava o direito a afirmar os poderes dos senhores de escravos. Mas estes precisavam de um recurso sistemático a estes meios para manter o sistema? Por exemplo, era frequente o recurso aos tribunais, no Brasil colonial, para reconduzir os escravos à sua condição? Mais

---

43   Cf. a identidade do radical latino de *família* e de *famulus*.

do que isto: não será certo que o direito e as leis enleavam, mais do que agilizavam, os "poderes naturais" dos senhores de escravos? Que estes não gostavam mesmo nada que um juiz ou um corregedor viesse meter o nariz na senzala, para ver se as normas jurídicas que proibiam certos tratos ou abusos eram efetivamente cumpridas? Talvez eu esteja enganado. Mas, então, é preciso que se me indiquem as fontes de onde constem as tais intervenções quotidianas *de um Estado* repressor dos escravos insubordinados. Sem que existam estas provas, diferenciadoras em relação à rara intervenção europeia *do Estado* contra os seus escravos do interior", terei que concluir que, afinal, "administrar uma sociedade composta predominantemente por brancos" era pouco diferente "que fazê-lo quando o contingente escravo podia chegar – como chegava *em algumas regiões* – a 50% da população".[44] Repare-se que falo de ação *do Estado* e não da "sociedade civil", nas suas múltiplas formas de organização, desde a doméstica até à eclesiástica, passando homens de mão e matadores a soldo dos notáveis ou pela cooperação dos próprios "escravos leais". Não se trata, por outras palavras, que a escravidão gerasse problemas de governo; trata-se de saber quem os resolvia, e como.

No fundo, os escravos estavam, para as sociedades coloniais, como criados, aprendizes, moços e moças de lavoura, rústicos ou camponeses, para as sociedades europeias. Milhões de pessoas, praticamente desprovidas de direitos, à mercê dos pais de família. Não nos esqueçamos que o direito comum, o direito romano, a *potestas domestica* e todo o sistema repressivo de sociedades com pouco Estado vigoravam mesmo nos Estados do Leste alemão, na Polônia e em certas zonas da Rússia, em que a servidão perdurou até ao liberalismo. Sem incompatibilidades de princípio. Deve aí ter havido

---

44 Cf. Laura Mello e Sousa, *O sol e a sombra, op. cit.*, p. 57.

36 António Manuel Hespanha

mais *progroms* contra os judeus organizados pelos soberanos do que operações oficiais "de pacificação" de servos e camponeses.

Do que acabo de escrever já se deduz que continuo a pensar que a chave interpretativa que este livro fornece pode servir a historiografia brasileira, sem sequer obrigar – o que seria grave – à ocultação da violência colonial. Ou, dito de outra forma, sem sequer impedir a consideração da diferença entre (uma entidade indefinida a que alguns historiadores chamam) "colonos" (i.e., colonizados, vítimas da colonização) e (outra a que os mesmos chamam) "reinóis" (i.e., colonizadores, agentes e beneficiários da colonização). Realmente, houve uma coisa e outra; como, na Europa, houve senhores e camponeses.[45] Mas, apesar das tensões, desigualdades e espoliação entre uns e outros, eles conviveram, uns e outros, nessa sociedade hierarquizada, fundada na desigualdade e no privilégio, internamente dominadora e marginalizadora, que foi a sociedade corporativa; no seio da qual uns exploraram tranquilamente os outros, os segregaram e dominaram, os silenciaram e gozaram com o seu silêncio.[46] Nos quadros e com os instrumentos que a matriz ideológica e institucional da sociedade tradicional europeia abundantemente dispunha.

---

45 Mas na Europa, pelo menos, estas classificações eram visibilizadas pelo estatuto jurídico, pelos trajes e, quando a Europa se expandiu pelo resto do mundo, até pelas feições, pela língua e, principalmente, pela cor da pele. O que, para a análise historiográfica, política e sociológica, não deixa de clarificar muito as coisas. Na sociedade colonial brasileira estas expressões são de uma opacidade completa, pois a porosidade das duas categorias era enorme. Uma geração – ou mesmo menos – transformava um reinol num colono, confundindo frequente uns e outros em colonizadores de terceiros, de que muitas vezes não se fala – escravos e ameríndios.

46 A. M. Hespanha, "Savants et rustiques. La violence douce de la raison juridique", *Ius commune*, Frankfurt/Main, 10 (1983), p. 1-48; resenha: *Révue d'histoire du droit*, 1984 (A.-J. Arnaud); versão portuguesa, *Revista crítica de Ciências Sociais*. 25/26 (1988), p. 31-60.

Bibliografia citada

ANZOATEGUI, Victor Tau. *Casuismo y sistema*. Buenos Aires: Inst. De Invest. de Historia del Derecho, 1992.

BENEDICTIS, Angela de. "Una 'nuovissima' storia costituzionale tedesca. Recenti tematiche su stato e potere nella prima età moderna". In: *Annali dell'Istituto italo-germanico in Trento*, 16 (1990), p. 265-301.

BENTON, Lauren. "The Legal Regime of the South Atlantic World, 1400-1750: Jurisdictional Complexity as Institutional Order". In: *Journal of World History* 11.1 (2000), p. 27-56.

BICALHO, Maria Fernanda; FRAGOSO, João *et al*. *O Antigo Regime nos trópicos. A dinâmica imperial portuguesa (séculos XVI-XVIII)*. Rio de Janeiro: Civilização Brasileira, 2001.

BIZZOCHI, Roberto. "Storia debile, storia forte". In: *Storia*, 1996, p. 93-114.

BOXER, Charles Ralph. *Os holandeses no Brasil*. Pemambuco: CEPE, 2004.

CALADO DO SALVADOR, Manuel. *O valeroso Lucideno ou triunfo da liberdade*. Lisboa, 1648 (ed. rec. Recife: FUNDARPE, 1985).

CLAVERO, Bartolomé. *Antidora. Antropolgia católica de la economia moderna*. Milano: Giuffrè, 1991.

GALLO, Alberto. "La venalidad de oficios publicos en Brasil durante el siglo XVIII". In: BELLINGERI, Marco. *Dinamicas de Antiguo Régimen y orden constitucional*. Torino: Otto Editore, 2000.

HESPANHA, A. M. *As vésperas do Leviathan. Instituições e poder político. Portugal, século XVIII*. Coimbra: Almedina, 1994.

_____. "Antigo Regime nos trópicos? Um debate sobre o modelo político do Império colonial português". In: FRAGOSO, João; GOUVEIA, Maria de Fátima (orgs.). *Na trama das redes*. Rio de Janeiro: Civilização Brasileira, 2010, p. 43-93.

_____. Da 'iustitia' à 'disciplina'. Textos, poder e política penal no Antigo Regime". In: *Anuario de história del derecho español*. Madrid, 1988.

_____. "Les autres raisons de la politique. L'économie de la grâce". In: SCHAUB, J.-F. (ed.). *Recherches sur l'histoire de l'État dans le monde ibérique (15e.-20e. siècles)*. Paris: Presses de l'École Normale Supérieure, 1993, p. 67-86; também em SCHIERA, Pierangelo (a cura di). *Ragion di Stato e ragione dello Stato (secoli XV- XVII)*. Napoli: Instituto Italiano di Studi Filosofici, 1996, p. 38-67.

_____. "Luís de Molina e a escravização dos negros". In: *Análise Social*, 157 (2001), p. 937-990.

_____. "O cálculo financeiro no Antigo Regime". In: *Actas do encontro ibérico sobre história do pensamento económico*. Lisboa: CISEP, 1993; versão espanhola, "Cálculo finaciero y cultura contable en el Antiguo Régimen". In: PETIT, Carlos (ed.). *Del ius mercatorum al derecho mercantil*. Madrid: Marcial Pons, 1997, p. 91-108.

_____. *Panorama da história institucional e jurídica de Macau*. Macau: Fundação Macau, 1995.

_____. "Porque é que existe e em que é que consiste um direito colonial brasileiro". In: *Quaderni fiorentini per la storia del pensiero giuridico moderno*, Fac. di Giurisprudenza, Firenze, 35 (2006), p. 59-81.

_____. "Savants et rustiques. La violence douce de la rai¬son juridique". In: *Ius commune*. Frankfurt/Main, 10 (1983), p. 1-48.

CALEIDOSCÓPIO DO ANTIGO REGIME 39

LARA, Sílvia Hunold; MENDONÇA, Joseli Maria Nunes. *Direitos e Justiça no Brasil*. Campinas: Ed. Unicamp, 2006.

LOMBARDI, Luigi. *Saggio sul diritto giurisprudenziale*. Milano: Giuffrè Ed., 1975

LOPES, Maria de Jesus dos Mártires (coord.). *O Imperio Oriental. 1660-1820*, tomo I. Lisboa: Estampa, 2006.

MELLO, José António Gonsalvés de (ed.). *Fontes para a história do Brasil holandês*, 2 vols. Recife, 1981 e 1985 (ed. rec. Recife: FUNDARPE).

MELLO E SOUZA, Laura. *O sol e a sombra. Política e administração na América portuguesa do século XVIII*. São Paulo: Companhia das Letras, 2006.

MELO, Evaldo Cabral de. *Um imenso Portugal – história e historiografia*. São Paulo: Ed. 34, 2002.

_____. *Maurício de Nassau*. São Paulo: Companhia das Letras, 2006.

_____; MELLO, J. A. Gonsalves de. *Tempo dos flamengos. Influência da ocupação holandesa na vida e na cultura do Norte do Brasil*. Rio de Janeiro, 1947 (ed. rec. Recife: FUNDAJ/ Massangan, 1987).

MELO, Francisco Freire de. *Discurso sobre os delitos e as penas e qualfoi a sua proporção nas differentes épocas da nossa jurisprudencia*. Lisboa, 1816.

NEDER, Gizlene. *Iluminismo jurídico-penal brasileiro. Obediência e submissão*. Rio de Janeiro: Freitas Bastos Ed., 2000.

SCHAUB, Jean-Frédéric. *La France espagnole: Les racines hispaniques de l'absolutisme français*. Paris: Seuil, 2003.

_____. "La penisola iberica nei secoli XVI e XVII: la questione dello Stato". In: *Studi Storici*, anno 36, gennaio-marzo 1995.

40 António Manuel Hespanha

_____. "Le temps et l'État: vers un nouveau régime historiographique de l'ancien régime français". In: *Quad. fior. st. pens. giur. mod.*, 25 (1996), p. 127-182.

_____. "L'histoire politique sans l'état: mutations et reformulations". In: *Historia a debate*, III, Santiago de Compostela, 1993, p. 217-235.

Seelaender, Airton L. Cerqueira-Leite. *Polizei, Ökonomie und Gesetzgebungslehre.* Frankfurt am Main: Vittorio Klostermann, 2003.

_____. "A polícia e o rei-legislador: notas sobre algumas tendências da legislação portuguesa no antigo regime". In: Bittar, Eduardo C. (org). *História do direito brasileiro: leituras da ordem jurídica nacional.* São Paulo: Atlas, 2003.

Thomaz, Luís Filipe. "A estrutura política e administrativa do Estado da Índia no século XVI". In: *De Ceuta a Timor.* Lisboa: Difel, 1994 (1ª ed. 1985).

Torre, Angelo. "Percorsi della pratica. 1966 1995". In: *Studi storici*, 1995, p. 799-829.

Conflito e resistência na sociedade do Antigo Regime

A SOCIEDADE DO ANTIGO REGIME pese, embora, a ênfase sobre a harmonia e organicidade nas representações que de si produzia – conhecia uma profunda e endêmica conflitualidade.

No entanto, a sua estrutura corporativa conferia a esta conflitualidade características específicas, de que nem toda a historiografia contemporânea (ao reduzir conflitualidade a revoltas e rebeliões) se dá conta.

Por um lado, existia um largo consenso sobre o carácter naturalmente desigual ("quae a Deo sunt, ordinatae sunt [...]; ordo autem in disparitate consistit" – tudo o que foi criado por Deus foi ordenado [...] pois a ordem consiste na disparidade – S. Tomás de Aquino) das pessoas e dos grupos, pelo que as diferenças de estatuto social não eram, em si mesmas, contestadas.

As tensões que surgiam a propósito da desigualdade dos estados decorriam ou de pretensões de ascensão dentro da sua hierarquia ou de disputas acerca dos privilégios e precedências respectivas. Num caso ou noutro, desembocavam em microconflitos localizados, interessando apenas certos grupos, mas sem que a ordem social, no seu conjunto, fosse posta em causa.

Por outro lado, as próprias formas de manifestação do conflito e as estratégias políticas que lhes correspondem são particulares a cada grupo e largamente inexportáveis para outros. Isto quer dizer que o mal-estar social se dispersa por muitas vias de manifestação, tornando-se difícil que surja esse movimento global de contestação a que hoje chamamos "revolução".[1]

É certo que a ideia de "revolução", como moto geral, existia. Mas o seu significado era totalmente contrário ao de hoje, significando, na esteira da terminologia astronômica, um retomo ao ponto inicial,[2] uma "restauração". E, nesta medida, as "revoluções" da sociedade de Antigo Regime tinham sempre um sentido orgânico e conservador, veiculado por um discurso jurisdicista, pois era o direito estabelecido que decidia a ordem natural da sociedade e, portanto, não apenas legitimava a revolta contra o "mau governo", mas indicava o caminho para uma repristinação da ordem justa.

---

1   Para o caráter complexo da oposição política na sociedade moderna, ver as páginas precursoras de Rosario Villari, *Elogio della dissimulazzione. La lotta politica nel Seicento*. Bari: Laterza, 1987, p. 9 e segs., e J. Elliott, "Revolts in the Spanish Monarchy". In: B. Foster e J. P. Green (eds.), *Preconditions of revolution in early modern Europe*. Baltimore, 1970. Ver um balanço da historiografia sobre o tema das revoltas e revoluções modernas – durante muito tempo, a única forma de oposição considerada pelos historiadores – , crítico em relação a uma concepção unidimensional do fenômeno, *in* Aurelio Musi, *La rivolta di Masaniello nella scena política barocca*. Nápoles: Guida, 1989; para Portugal, Luís Ferrand de Almeida. "Motins populares no tempo de D. João V". In: *Revoltas e Revoluções*, 1984, vol. 1, p. 321-344; e António de Oliveira, *Poder e Oposição em Portugal no Período Filipino (1580-1640)*. Lisboa: Difel, 1991.

2   A "revolução" de um astro é, justamente, o movimento de retomo a um ponto considerado da sua órbita, restaurando a imagem inicial do firmamento (cf. o título da célebre obra de Copérnico, *De revolutionibus* [*Nicolai Copernici Torinensis De revolutionibus orbium coelestium, Libri VI*, 1543]). Uma nota sobre a terminologia portuguesa da época para os movimentos populares, baseados em R. Bluteau, em Almeida, "Motins populares"... *op. cit.*, p. 334.

CALEIDOSCÓPIO DO ANTIGO REGIME   45

Paradigmático é o caso da Restauração, em 1640, cujos defensores alimentam, como primeira linha de legitimação, uma polêmica jurídica visando demonstrar o caráter tirânico (isto é, contra o direito) do governo dos Áustrias.

Para além da revolução – que, pela referência ao objetivo de restaurar o "bom governo" (isto é, do governo "justo", que dá a cada um o que é seu), interessava a todos os grupos, embora a cada um à sua maneira –, as restantes formas de manifestar a insatisfação política não eram comuns a todos os grupos. Cada um deles tinha, em obediência a uma ética de comportamento corporativa que assina a cada estado uma postura social rigorosamente tipificada, uma forma específica de exprimir o seu descontentamento e de organizar a sua reação.

As formas da resistência

A revolta informe, o "motim" ou a "comoção" eram típicos da massa inorgânica (isto é, não corporativamente estruturada) da plebe. Eram movimentos sem forma nem cabeça, tumultuários, embora de violência extrema.

As razões da sua eclosão eram normalmente aquelas que afetam os grupos mais pobres da população: a crise de abastecimento, o agravamento dos impostos sobre bens de consumo (como os "reais-d'água" sobre a carne, o vinho, nas revoltas de 1637) ou apenas boatos da sua iminência; em suma, aquilo que os pobres sentiam, nas suas necessidades mais básicas, como um sintoma do mau governo. Os seus chefes não existiam ou cobriam-se sob nomes míticos (como o "Manuelinho", da revolta de Évora).

A sua tática era informe, embora pontilhada de modelos comportamentais e de rituais típicos, como a reunião do povo pelo tanger do sino, as ações noturnas, o alarido e a assuada, o esventramento das

46 António Manuel Hespanha

casas dos que se julgava responsáveis pelo mau governo e a queima do seu recheio, a pilhagem, a destruição dos cartórios, a libertação dos presos.[3]

O seu projeto era a emenda do "mau governo", normalmente diagnosticado apenas ao nível mais imediato dos responsáveis políticos locais, pois o rei continua a ser a sede da justiça, embora, eventualmente, vítima da ignorância das situações locais ou dos enganos dos maus conselheiros.[4]

Tal como irrompia, a revolta desfazia-se também subitamente, perante uma procissão com a hóstia ou uma relíquia alçadas ou com a saída em forma dos notáveis locais, decorados com os seus símbolos de autoridade. E, se não, pelo simples esgotamento, pois, salvo instrumentalização por outros grupos mais capazes de arquitetarem um projeto político de curso mais longo, o povo miúdo não tinha horizontes políticos que excedessem o viver quotidiano. Mas esta aproximação das camadas politicamente dirigentes (como, nas vésperas da Restauração, o partido dos "populares", composto por aristocratas e letrados) era dificultada pelo fato de estas não poderem, de acordo com os códigos estereotipados da sociedade moderna, nem desencadear, nem comprometer-se com tais movimentos.

A natureza explícita da revolta opõe-se o caráter dissimulado da resistência cortesã. Esta exprime-se de acordo com o modelo de comportamento da "simulação/dissimulação", teorizado por Baldasare di

---

3 Tudo isto pode ser largamente documentado nas várias revoltas populares dos anos 30 do século XVII, estudadas, fundamentalmente, por António de Oliveira. Ver, para um panorama da respectiva historiografia, "Soulèvements populaires au Portugal à l'époque moderne – Revue bibliographique (1974-1987)". In: *La recherche en histoire du Portugal*, vol. 1. Paris: EHESS, 1989, p. 41-48; e *Poder e oposição... op. cit.* (aqui, *maxime*, p. 169 e segs., e 202 e segs.). Idêntico modelo, para Nápoles: ver Musi, *La rivolta... op. cit.*

4 Almeida, "Motins populares"... *op. cit.*, p. 334.

CALEIDOSCÓPIO DO ANTIGO REGIME   47

Castiglione em *Il cortegianno* (1528).[5] De acordo com este modelo, a resistência deve ser engenhosa, oferecendo aparentemente aquilo que se nega dissimuladamente, afetando uma submissão que, na verdade, não existe. A complexidade das manobras cortesãs (como as que proliferaram, *v.g.*, na corte madrilena antes, durante e depois do consulado de Olivares) e o seu caráter furtivo e dúplice criavam-lhes dificuldades no momento de suscitar alianças com grupos onde dominasse uma cultura comportamental e política diferente. São típicas, neste sentido, as reações populares reprovando a duplicidade dos seus alegados protectores ou inspiradores nobres. Numa sátira portuguesa da época, a atitude dos grupos nobiliárquicos em relação ao Poder entre 1637 e 1640 é descrita, expressivamente, como "um animo de escudeiro de Arraiolos, todo açúcar e bolinholos".[6]

Entre uma coisa e outra estava o modelo da "conjura", como o foi a de 1640. Tratava-se de uma forma de resistência tipicamente aristocrática, herdeira directa das *conjurationes* e ligas medievais.

Partilhava com a dissimulação o segredo das intenções, mas, em contrapartida, consumava-se, como a revolta, num ato de ruptura violenta, embora organizado, dirigido por normas rituais e capitaneado.[7]

---

5   Sobre o qual, Carlo Ossola e Adriano Prosperi, *La corte e il "Cortegiano". I. La scena del testo. II. Un modelo europeo*. Roma: Bulzoni, 1980 (sobre a sua difusão europeia), 20, nº 8; sobre a literatura de corte em Portugal, José Adriano de Carvalho, "A leitura de Il galateo de Giovanni della Casa na Península Ibérica: Damasio de Frias, L. Gracián e Rodrigues Lobo", *Ocidente*, nº 79, 1970; e José G. Herculano de Carvalho, "Um tipo literário e humano do barroco: o 'cortesão discreto'", *Estudos Linguísticos*, 2ª ed., vol. II. Coimbra, 1984, p. 243-265.

6   Cit. por Oliveira, *Poder e oposição… op. cit.*, p. 26.

7   Sobre o juramento e *conjuratio* como forma de organização política, ver Paolo Prodi, "Il giuramento universitario tra corporazione, ideologia e confessione religiosa". AA. VV. *Sapere e potere. Discipline e professione nell'Università medievale e modern*. Bolonha: Commune di Bologna, 1990, vol. III, p. 24 e segs. Sobre a imagem da nobreza na literatura jurídica, cf. António M. Hespanha, "A nobreza nos tratados jurídicos dos sécs. XVI a XVIII", *Penélope*, 12 (1993), p. 27-42.

Se a dissimulação tinha a desvantagem da ambiguidade, se a revolta a do seu caráter inorgânico e desqualificado, a conjura tinha a limitação, quer do segredo quer do carácter oligárquico e restrito. A conjura era um movimento de poucos (em Portugal, os "40 conjurados"), não principalmente porque o segredo não se pudesse manter entre muitos, mas porque, por um lado, se baseava numa rede de laços pessoais pré--existentes e íntimos, e, por outro, se formalizava num juramento, o qual supunha uma especial qualidade moral – a de cumprir a palavra dada – que muitos identificavam com o núcleo duro das virtudes do nobre.

Mas, à parte estes casos típicos dos extremos do leque social, os grupos resistentes dispunham, na sociedade de Antigo Regime, de um instrumento particularmente eficaz – o direito. Muito mais do que a atual, a sociedade moderna era, como se tem aqui repetido, fundada no direito. No sentido de que o direito e a justiça (e não a oportunidade, a competência técnica, o projeto político) constituíam a legitimação fundamental do Poder e a norma exclusiva do "bom governo. Ou seja, de um governo que respeitasse e reproduzisse os equilíbrios políticos estabelecidos (a "quietação") e que evitasse todas as "novidades" que os subvertessem, ofendendo os direitos dos particulares (dos indivíduos ou dos grupos). E, por isso mesmo, nada mais eficaz, como estratégia de resistência, do que demonstrar que se estava a ser vítima de uma injustiça. A partir daqui, tudo era possível. Desde a acusação de tirania (*in titulo* ou *in exercitio*) – com as consequências práticas que isso trazia, ao legitimar a desobediência, a rebeldia e, até, o tiranicídio – até expedientes menos vistosos, mas não menos eficazes, de obstaculizar qualquer ato governativo com um apropriado meio jurídico. E assim, mesmo antes de 1640, foram frequentes as reivindicações políticas (*v.g.*, defesa dos privilégios outorgados pelos acordos de Tomar ou reacções contra impostos) atuadas por meios jurídicos (acções postas em tribunal, embargos e cartas

CALEIDOSCÓPIO DO ANTIGO REGIME   49

de seguro, pareceres de juntas de letrados). Era de tal modo forte o modelo jurisdicionalista de sistematizar a política[8] que, em plena confusão de uma revolta popular, se chamava frequentemente o notário para dar fé pública e figura de juízo a um ato tumultuário. No fundo, nem se tratava de uma incongruente mistura entre o ilegal e o legal, entre o ilegítimo e o legítimo, pois a violência, justificada pela tirania, e o ato notarial pertenciam, afinal, ao mesmo mundo dos remédios de realizar (ou de repor) o direito.

Tribunais, mentira e fuga

Mas o direito e a justiça eram ainda um meio normal de veicular conflitos sociais.[9] Apesar de não haver estudos sobre a conflitualidade judicial (como existem para outros países), basta percorrer a literatura jurídica da época – nomeadamente o volume dos *Commentaria [...]*, de Pegas, dedicado ao título das *Ordenações* relativo aos forais, aos relegos e às jugadas[10] – para nos darmos conta da enorme frequência com que o tribunal era o foro de discussão e de decisão de conflitos sociais. Designadamente, de conflitos em torno

---

8 Normalmente uma ação ou providência cautelar postas perante os tribunais de justiça (Cf. António M. Hespanha, *Vísperas del Leviathán. Instituciones y poder político (Portugal, siglo XVII)*. Madrid: Taurus, 1989, p. 392 e segs). Cf. Jean Frédéric Schaub, *Le Portugal au temps du comte-duc d'Olivares (1621-1640): Le conflict de jurisdictions comme exercise de la politique*. Bibliothèque de la Casa Velázquez, vol. 18. Madrid: Casa de Velázquez, 2001. Sobre os meios de defesa dos particulares, António M. Hespanha, "O indivíduo face ao poder. Portugal. Sécs. XVI-XVII". In: *L'individu face au pouvoir*. Bruxelles: Société Jean Bodin, 1989, p. 131-151 (republicado nesta coletânea).

9 Ver A. M. Hespanha, "Justiça e administração entre o Antigo Regime e a Revolução". In: *Hispania. Entre derechos propios y derechos nacionales. Atti dell'Incontro di studi*. Milão: A. Giuffrè, 1990, p. 145; e Almeida, "Motins populares"... *op. cit.*, p. 337.

10 *Ordenações Filipinas*, II, 27; 29; 33.

50 António Manuel Hespanha

dos direitos senhoriais – tributos introduzidos contra o foral, tributos sobre cultivos não previstos no foral, tributos caídos em desuso e que o senhor tentava repor em vigor, usurpação de direitos reais, conflitos de direitos senhoriais, abusos dos rendeiros, etc.[11]

Indiretamente, o direito facultava ainda outra eficaz estratégia de resistência – a da chicana burocrática. Dada a estrutura particularista da ordem jurídica e jurisdicional combinada com as garantias que rodeavam a competência de cada órgão administrativo e que as defendiam ciosamente de qualquer usurpação alheia (*usurpatio iurisdictionis*), era possível àqueles que dominavam os circuitos administrativos (os "papelistas") entravar indefinidamente as decisões com dúvidas e questões prejudiciais de toda a natureza, mesmo perante as mais instantes e precisas injunções da coroa.[12] Um exemplo típico foi o modo como os oficiais portugueses conseguiram, de 1632 a 1640, entravar a entrada em execução do tributo das mejas-anatas, como já tinham travado a ordem de declarar o seu patrimônio no

---

11 Cf. Almeida, "Motins populares"... *op. cit.*, p. 335; e José V. Capela, *O Município de Braga de 1750 a 1834. O Governo e a Administração Económica e Financeira*. Braga: ed. aut., 1991, *passim*: mais pormenores na versão original da sua tese de doutoramento. Lembro, v. g., os processos judiciais postos pelo conselho de Alenquer contra a doação da terra a um senhor castelhano, com fundamento na violação dos acordos das Cortes de Tomar de 1581 e os embargos do procurador do povo de Lisboa contra a tentativa de convocar cortes reduzidas ou de aceitar novos impostos sem cortes, em 1632. Nestes casos, a coroa respondeu também com meios jurídicos (contestação judicial, convocação de juntas de letrados). Sobre isto, ver António M. Hespanha, "As cortes e o Reino. Da União à Restauração". *Cuadernos de historia moderna*, Universidade Complutense, 1990, p. 21-56; e Oliveira, *Poder e oposição... op. cit.*

12 Cf., sobre a justiça e o processo judicial como modelos de organizar a política, Hespanha, "Justiça e administração"... *op. cit.*, 1990, p. 135-204. Ver, sobre o tema, o prefácio e alguns dos textos incluídos em A. M. Hespanha (org.). *Justiça. História e Perspectiva*. Lisboa: Fundação Calouste Gulbenkian, 1993.

CALEIDOSCÓPIO DO ANTIGO REGIME 51

momento da entrada em funções.[13] E quem leia a correspondência entre o Governo de Madrid e a Câmara de Lisboa, nos cruciais anos da década de 30, não deixará de se admirar com a forma sutil, persistente e eficaz como a câmara conseguia ir adiando, com expedientes dilatórios de natureza jurídico-burocrática, a execução das medidas ordenadas a partir de Madrid, por vezes com ameaça de penas severas, no caso de incumprimento imediato. Uma boa parte dos intentos reformistas de Pombal (e, depois, do vintismo), na área da administração, da justiça e da política do direito, visavam justamente reduzir esta margem de actuação autônoma dos poderes com acesso ao controle dos mecanismos burocráticos.

Mas esta sistematização não é ainda exaustiva, pois não inclui as formas mais sutis – e, seguramente, mais eficazes – de resistência. Refiro-me ao silêncio, à mentira e à fuga.

O silêncio é aqui entendido, em termos latos, como a recusa tácita de participação nos mecanismos oficiais de poder. Esta espécie de "resistência passiva" era, nomeadamente, a estratégia típica dos "rústicos", ou seja, dos meios camponeses, ainda imersos numa cultura "comunitarista e oral".[14] Os contatos com o centro político eram dificultados pela dualidade cultural e pela necessidade de agentes de mediação política (*brokers*), tal como os padres, os tabeliões, os letra-

---

13 Cf. Hespanha, *Vísperas del Leviathán... op. cit.*, p. 43; e Oliveira, *Poder e oposição... op. cit.*, p. 132.

14 Para a sua caracterização, y. António M. Hespanha, "Savants et rustiques. La yiolence douce de la raison juridique". *Ius commune* (Max-Planck-Institut f. europ. Rechtsgeschichte, Frankfurt/Main), nº 10, 1983, p. 10 e segs. (com indicações acerca da abundante literatura sobre esta estratégia de resistência, nomeadamente para as áreas coloniais e pós-coloniais); o tema foi retomado, com menos pormenor, em Hespanha, *Vísperas del Leviathán... op. cit.*, p. 363 e segs. V. também G. Gregori, "L'elogio del silenzio e la simulazione". AA. VV. *Sapere e potere. Discipline e pressione nell'Università medievale e moderna*. Bolonha: Commune di Bologna, 1990, vol. III, p. 73-84.

dos de província ou, provavelmente em menor medida, os senhores das terras. Tornava-se, por isso, muito fácil para estas comunidades construir uma vida político-administrativa própria, organizada segundo os padrões de convivência comunitários, regulada por acordos ou posturas locais, institucionalizada à sombra do governo municipal ou eclesiástico (confrarias "de subsino", irmandades) e tutelada pelos notáveis da terra (que, dado o sistema de designação dos órgãos conselhios, tinham assegurado o domínio do governo municipal; cf. *supra* "Os conselhos e as comunidades").[15] Do ponto de vista do poder oficial, o mundo dos rústicos constituía uma bolsa de retraimento e de dissimulação. Não da sofisticada dissimulação cortesã, mas de manhas e espertezas "sábias". Na literatura e no teatro da época, não falta a figura do campônio desconfiado, que se faz de tolo, que responde às perguntas com outras perguntas (como ainda hoje se diz dos Galegos), mas que, com parvoíces, manhas e mentiras, acaba por enganar os mais sabidos. Também a literatura jurídica e a própria lei refletiam estas estratégias populares de "resistência passiva". Henrique de Susa, o célebre Cardeal Hostiense (século XIV), enumera, entre os pecados habituais dos rústicos, "os falsos testemunhos e o perjúrio".[16] Jerónimo Castillo de Bobadilla, na sua *Política para Corrigedores y Señores de Vassallos* (1597, tomo n, p. 33 e segs., nº 62), refere-se aos

> Rústicos sagazes, como já hoje o são quase todos, e de outras muito más qualidades e em especial inclinados a furtar, e maliciosos a vender, e cuidadosos em aguardar

---

15 Ou mesmo apenas por um imanente sentido da justiça exteriorizado nas decisões dos tribunais locais, fortemente povoados de juízes "idiotas" (isto é, não letrados) e, frequentemente, analfabetos (y. Hespanha, *Vísperas del Leviathán... op. cit.*, p. 372 e segs.).

16 Hespanha, "Savants et rustiques"... *op. cit.*, 1983, p. 47.

CALEIDOSCÓPIO DO ANTIGO REGIME   53

os tempos de maior necessidade para vender mais caros os frutos da terra [...].

Acautelando em especial contra "os lavradores que trazem escrivaninha à cinta" (ou seja, os "falsos rústicos". As *Ordenações Filipinas* manifestam a maior desconfiança à habilidade dos habitantes de Entre Douro e Minho, nomeadamente a propósito da prova testemunhal e da fuga dos lugares de degredo (justamente uma bolsa de poderes comunitários fortes), pois se trataria de gente propensa à mentira.[17] O jurista Pegas, no respectivo comentário, depois de confirmar que os lavradores nortenhos "proferem facilissimamente nos negócios falsos testemunhos", aproxima – citando Manuel do Vale de Moura, no seu tratado *De incantationibus, & ensalmis*, Evora, 1620, sec. 3, c. 4, nº 32 – este "pecado" de outros típicos dessa região, como o de fazer feitiços, outra forma de manifestação das culturas populares reprimidas.[18] No século passado ainda se pode recolher um exemplo precioso, justamente no domínio do direito, de como um juiz popular conseguira evitar a aplicação a um réu da pena de morte, que lhe caberia de acordo com o direito oficial, mas que ele considerava injusta. A sua sentença é uma mistura de aparentes idiotices e de manha; mas, afinal, consegue os objetivos pretendidos:

> Vi e não vi – dizia na fundamentação –; sei e não sei; corra a água ao cimo; deite-se fogo à queimada; dê-se laço em nó que não corra. Por tudo isto e em face da prova do processo constante, condeno o réu na pena de morte,

---

17 *Ordenações Filipinas*, 1, 85, 6; V, 132, 5.

18 Sobre o tema, y. Francisco Bettencourt, *O Imaginário da Magia. Feiticeiros, Saludadores e Nigromantes no Séc. XVI*. Lisboa: Universidade Aberta, 1987.

mas dou-lhe cem anos de espera para se arrepender dos seus pecados. Cumpra-se.[19]

Um outro mecanismo de resistência foi a fuga, quer como meio de escapar, pura e simplesmente, ao controle político quer como meio de realizar projetos revolucionários de organização social.

Quanto ao primeiro tipo, evidencia-se, no período que nos interessa, a diáspora judaica.[20] Ela constituiu seguramente uma reação de resistência, não apenas contra a repressão inquisitorial, mas ainda quanto às leis que. progressivamente, vão exigindo a limpeza de sangue. Combinava-se com a dissimulação do culto judaico, por vezes sob formas tão adulteradas que dificultavam o acolhimento dos Judeus nas comunidades hebraicas para onde emigravam.[21] O destino dos Judeus (Sefarditas) era Amesterdã, Bordéus, Baiona, Livorno, Veneza, Ragusa e um pouco todo o Mediterrâneo Oriental: além do Brasil, onde beneficiaram da tolerância dos Holandeses. Mas também a Espanha, onde "português" chegou a ser equivalente a "judeu" e em cuja corte – apesar das leis da limpeza de sangue – os financeiros criptojudeus portugueses desempenharam um papel

---

19 A sentença é transcrita em Manuel F. da Gama, *Terras do Alto Paiva. Memória Histórico-Geográfica do Concelho de Vila Nova de Paiva*. Lamego, 1940, p. 101 e segs. (de onde a copiou Aquilino Ribeiro, na *Geografia Sentimental*).

20 Sobre esta, para além do clássico João Lúcio de Azevedo, *História dos Cristãos-Novos Portugueses*. Lisboa: Clássica Editora, 1922, y. o belo livro de Yosef Hayin Yerushalmi, *De la corte española al gueto italiano. Marranismo y judaismo en la España del XVIII. El caso Isaac Cardoso*, 1971 (ed. util., trad. esp., Madrid: Turner, 1981), com muitas indicações bibliográficas; cf., ainda, Júlio Caro Baroja, *La sociedad cripto-judía en la corte de Filipe III*. Madrid, 1963; e Carmen Sanz Ayán, *Los banqueros de Carlos II*. Valhadolid: Universidade de Valhadolid, 1989.

21 Yerushalmi, *De la corte española... op. cit.*, p. 32.

CALEIDOSCÓPIO DO ANTIGO REGIME 55

central a partir da quebra dos Genoveses, em 1627, até ao reinado de Carlos II.[22]

Quanto ao segundo tipo de fuga, ele anda estreitamente ligado à importância das correntes proféticas e utopistas na sociedade portuguesa moderna. Sabe-se como tem sido destacada pela historiografia e pela "filosofia portuguesa" a importância do profetismo, sobretudo nas suas origens franciscanas[23] e na sua versão sebastianista, sobre a mentalidade portuguesa.[24] A importância dos movimentos proféticos e messiânicos parece ter sido sobrevalorizada, pois estes não adquirem em Portugal nem

---

22 Sanz Ayán, *Los banqueros... op. cit*; e J. C. Boyajian, *Portuguese bankers at the court of Spain, 1626-1650.* Nova Jersey: Rutgers University, 1983. A emigração também pode ser encarada deste ponto de vista, mas, no caso português, ela obedece, antes de mais, a uma tentativa de melhoria de vida, nomeadamente por parte das populações das zonas demograficamente pletóricas do Norte (onde, em contrapartida, o peso da fiscalidade senhorial não era tão forte como no centro litoral ou no Sul).

23 Cf. o texto clássico de Jaime Cortesão, "O franciscanismo, mística dos descobrimentos", na sua *História dos Descobrimentos Portugueses.* Lisboa: Círculo de Leitores, s. d., vol. I, p. 63 e segs. (em que, no entanto, no franciscanismo, se destaca mais o experimentalismo do que a sua intenção profética e utópica).

24 Cf. as obras de João Lúcio de Azevedo, *Evolução do Sebastianismo.* Lisboa, Clássica Editora: 1918; Sampaio Bruno, "Do sebastianismo". In: *Ensaios*, vol. 1. Porto, 1920; Fernando Pessoa, *Sobre Portugal. Introdução ao Problema Nacional.* Lisboa: Atica, 1979; R. Cantei, *Prophétisme et messianisme dans l'oeuvre d'António Vieira.* Paris, 1960; "Vieira e a filosofia política do Quinto Império". In: *Tempo presente*, nº 17/18, 1960, p. 22-27; Joel Serrão, *Do Sebastianismo ao Socialismo em Portugal.* Lisboa: Livros Horizonte, 1969; R. Ricard, *Études sur l'histoire morale et réligieuse du Portugal.* Paris: Fundação Calouste Gulbenkian, 1970; A. Machado Pires, *D. Sebastião e o Encoberto.* Lisboa: Fundação Calouste Gulbenkian, 1982; Eduardo Lourenço, *O Labirinto da Saudade. Psicanálise Mítica do Destino Português.* Lisboa: Dom Quixote, 1978; José Veiga Torres, "Um exemplo de resistência popular – O sebastianismo". In: *Revista Crítica de Ciências Sociais*, nº 2, 1978; António Quadros, *Poesia e Filosofia do Mito Sebastianista.* Lisboa: Guimarães Editora, 1982, e Margarida Vieira Mendes, A *Oratória Barroca de Vieira.* Lisboa: Caminho, 1989.

a precocidade nem a amplitude que tiveram noutras zonas da Europa,[25] nomeadamente enquanto catalisadores de correntes de resistência e de reforma ou de movimentos emigratórios visando a constituição de "sociedades novas", pela emigração para o ultramar e pela criação, al, de formas alternativas de vida comunitária (como aconteceu com certos grupos das confissões reformadas na América do Norte). A única exceção é, porventura, a das comunidades Índias do Paraguai, fundadas e tuteladas pelos Jesuítas; mas para além de que a missionação jesuítica (ao contrário da franciscana) não foi, tipicamente, uma missionação de tipo profético e utópico – os aldeamentos índios correspondiam antes à habitual política jesuíta de embebimento da acção missionária na ordem estabelecida (das comunidades a catequizar) e, neste sentido, a uma orientação antiprofética. Em todo o caso, uma certa forma portuguesa de profetismo, o sebastianismo – ele mesmo produto de uma vulgarização do profetismo franciscano, ortodoxo ou heterodoxo (joaquinismo),[26] codificado nas famosas "Trovas" de Gonçalo Anes Bandarra (c. 1540) e nas glosas que, durante duzentos anos, as atualizaram – , estimulou correntes populares de resistência, desde o apoio ao prior do Crato, em 1580, até à resistência de sebastianistas e jacobeus contra o Marquês de Pombal, passando pela oposição anticastelhana durante o período filipino e a Guerra da Restauração.[27] Além disso, a esperança no advento de uma era do Espírito Santo (depois da era do Pai e da era do Filho), de um Quinto Império, que culminava os quatro da história sob a égide de um imperador predestinado, cuja espada subjugaria as quatro bestas

---

25 José Veiga Torres, "O tempo colectivo progressivo e a contestação sebastianista". In: *Revoltas e Revoluções*, 1984, vol. I, p. 223-258.

26 Sobre as origens do sebastianismo no joaquinismo e na literatura profética franciscana, y. *Idem, ibidem*

27 Sobre os tópicos sebastianistas na parenética da Restauração, y. João Francisco Marques, A *Parenética Portuguesa e a Restauração. 1640-1668*. Lisboa: INIC, 1989, vol. 11, p. 109-192.

CALEIDOSCÓPIO DO ANTIGO REGIME   57

do Apocalipse, constituía um lenitivo para os sofrimentos e injustiças da sociedade estabelecida, possibilitando, neste sentido, uma forma de «fuga», a fuga interior do misticismo e do visionarismo. É significativo que esta mensagem profética e utópica tenha constituído um dos eixos da espiritualidade de uma das ordens mendicantes com maior impacte popular – os Franciscanos – e que tenha alimentado uma sensibilidade religiosa mística e visionária que, em Portugal como em Espanha, constituiu uma componente muito importante da cultura popular.[28]

A reposição da ordem

À resistência respondiam os poderes estabelecidos com mecanismos de controle. Muitos deles revestiam formas "doces", baseadas na autoridade dos líderes comunitários – chefes da "casa", notáveis locais, autoridades eclesiásticas – e nos sistemas estabelecidos de legitimação do Poder – piedade familiar, fidelidades pessoais, respeito pelas normas sociais estabelecidas, obediência aos poderes, nomeadamente ao poder real. São conhecidos – e tratados noutro capítulo deste volume – alguns dos modelos de inculcação do conformismo político, desde o cerimonial ligado à pessoa do rei, até à confissão e à pregação.[29] Isto era suficiente, na generalidade dos casos, para obter o conformismo e uma obediência consentida. Para os casos

---

28 Sobre as correntes da espiritualidade em Portugal nesta época, v. Maria de Lourdes Belchior Pontes, *Frei António das Chagas – Um homem e um Estilo do Séc. XVII*. Lisboa, 1953; José S. da Silva Dias, *Correntes do Sentimento Religioso em Portugal (séculos XVI a XVIII)*. Coimbra: Coimbra Editora, 1960; Robert Ricard, *Etudes sur l'histoire morale [...]*, *op. cit.*; Torres, "O tempo colectivo"... *op. cit.*; e Maria Idalina Resina Rodrigues, *Frei Luís de Granada e a Literatura da Espiritualidade em Portugal, 1554-1632*. Madrid: Fundación Universitaria Española (no prelo).

29 João Francisco Marques, *A Parenética e a Dominação Filipina*. Lisboa: INIC, 1986; *Idem, A Parenética Portuguesa... op. cit.*

58 António Manuel Hespanha

extremos, ficava a repressão. Ou a repressão comunitária espontânea
– sob as conhecidas formas da marginalização e da "vergonha" – ou
a repressão penal.

A visão tradicional da ordem e prática penais portuguesas do
Antigo Regime apresenta-as como fortemente repressivas e cru-
éis. A leitura das *Ordenações* favorece, de resto, esta ideia, de tal
modo são frequentes os tipos penais punidos com a pena de morte.
Surpreendentemente, estudos empíricos sobre a prática punitiva de
altos tribunais portugueses, realizados para os finais dos séculos XVII
e XVIII, dão-nos uma imagem muito diferente.[30] Num conjunto de
cerca de trezentos grandes criminosos, presos na cadeia da Casa da
Suplicação entre 1694 e 1696, apenas três homicidas (do marido,
do carcereiro e de "hum rapaz") são condenados à morte. Em contrapartida, escapam com outras penas (nomeadamente de degredo,
frequentemente o início de uma rendosa carreira no ultramar) um
"renegado e traidor", um falsificador de moeda (então incurso no
crime de lesa-majestade), um salteador de estradas, quase todos os
homicidas (que eram cerca de sessenta), os ladrões, os adúlteros, um
sodomita, um violador, três raptores e dois incursos no crime, também punível com a morte pelo fogo, de masturbação.[31] Esta mesma
imagem de complacência é confirmada pelo estudo estatístico da
aplicação da pena de morte. Assim, entre 1601 e 1800, no distrito da
Casa da Suplicação (*grosso modo*, o sul do Tejo mais Castelo Branco
e as comarcas ribatejanas), foram executadas, em média, duas pessoas por ano, embora se assista, no final do período – correspondente ao mais rigoroso modelo despótico-iluminista de instauração da

---

30 A. M. Hespanha, "Da 'iustitia' à disciplina. Textos, poder e política no Antigo
Regime". In: *Estudos em homenagem ao Prof. Doutor Eduardo Correia*. Coimbra,
1986, [saído] em 1989.

31 *Idem, ibidem*, p. 18-19.

ordem – , a um crescendo sensível de execuções, que, no entanto, nunca atingem as setenta por década.[32]

Esta complacência não era apenas o produto de um laxismo da magistratura, mas uma orientação política defendida pela doutrina penalista e pela própria coroa. Alexandre de Gusmão, ministro de D. João V, exprime-o bem na reprimenda endereçada a um conhecido jurista, aparentemente muito rigorista:

> Sua Majestade manda advertir V. M., que as leis são feitas com muito vagar e sossego, e nunca devem ser executadas com aceleração; e que nos casos crimes sempre ameaçam mais do que na realidade mandam [...] porque o legislador he mais empenhado na conservação dos Vassalos do que no castigo da Justiça, e não quer que os ministros procurem achar nas leis mais rigor do que ellas impõem.[33]

A explicação para isto parece clara, como se procura explicar no estudo citado.

> Pelos expedientes da "graça" realizava-se o outro aspecto da inculcação ideológica da ordem real. Se, ao ameaçar punir (mas punindo, efectivamente, muito pouco), o rei se afirmava como "justiceiro", dando realização a um tópico ideológico essencial no sistema medieval e moderno de legitimação do Poder, ao perdoar ele cumpria um outro traço da sua imagem – desta vez como rei "pastor" e "pai" – , essencial também à legitimação. A mesma mão que ameaçava com castigos impiedosos, prodigalizava, chegado o momento, as medidas da Graça. Se investia no "temor", não investia menos no "amor". Tal

32 Idem, ibidem, p. 21 e segs.

33 Idem, ibidem, p. 37.

60   ANTÓNIO MANUEL HESPANHA

como Deus, ele desdobrava-se na figura do Pai justiceiro e do Fitho doce e amável.[34]

Uma outra instância repressiva era a da Inquisição. Não se tratará, neste lugar, a problemática global ligada a esta instituição. Mas, socorrendo-nos das fontes estatísticas disponíveis sobre a sua prática repressiva[35] – que incidia não apenas sobre os crimes de natureza religiosa mas ainda sobre outros, como o proxenetismo, a sodomia ou o adultério –, podemos concluir que o seu rigor não era muito maior do que o dos tribunais civis. Segundo os cálculos de Fortunato de Almeida, entre 1684 e 1747 teriam sido executadas cerca de 150 pessoas (uma média de menos de três por ano) e condenadas menos de 5 mil (cerca de 75 por ano, em média);[36] para um período mais vasto (1540-1781), mas com dados mais incompletos, o mesmo autor apresenta números que confirmam, globalmente, os anteriores (1.175 executados, à média anual de cerca de 5; 26.249 condenados, à média anual de pouco mais de cem).[37] Isto condiz com testemunhos dos finais do século XVIII, que referem ser comum entregar o julgamento de certos crimes (que, então, se entendia serem excessivamente punidos pela lei) à Inquisição, pois a prática punitiva seria, al, mais benigna.[38]

---

34 Idem, ibidem, p. 37. Para um confronto com a Espanha, ver Maria Paz Alonso e António Manuel Hespanha, "Les peines dans les pays ibériques (XVIIIe.-XIXe. siècles)". In: La peine. Punishment. Bruxelas: De Boeck Univ., 1989, p. 195-226.

35 Nomeadamente, José Veiga Torres, "Uma longa guerra social: os ritmos da repressão inquisitorial em Portugal". In: Revista de História Económica e Social, nº 1, 1978, p. 55-68 (que recolhe fundamentalmente os dados publicados por J. Lúcio de Azevedo e Fortunato de Almeida).

36 História de Portugal, vol. XI, p. 425-426.

37 Ibidem, vol. IV, p. 287 e segs.

38 Melo Freire, Inst itutiones funs cniminalis, vol. X, tít. 13, nota in fine.

O que acaba de ser dito não deve ser entendido no sentido de que a sociedade portuguesa do Antigo Regime fosse acrata ou incontrlada. O que acontecia era que a disciplina social se baseava antes em mecanismos quotidianos e periféricos de controlo, ao nível das ordens políticas infra-estaduais – família, clientela, Igreja, comunidades – , funcionando segundo um modelo homeopático, pela administração do controlo social em doses mínimas, mas permanentes.

Bibliografia

ALMEIDA, Luís Ferrand de. "Motins populares no tempo de D. João V". In: *Revoltas e Revoluções*, 1984, vol. 1, p. 321-344.

AZEVEDO, João Lúcio de. *História dos Cristãos-Novos Portugueses.* Lisboa: Clássica Editora, 1922.

BETTENCOURT, Francisco. *O Imaginário da Magia. Feiticeiros, Saludadores e Nigromantes no Séc. XVI.* Lisboa: Universidade Aberta, 1987.

BOYAJIAN, J. C. *Portuguese bankers at the court of Spain, 1626-1650.* Nova Jersey: Rutgers University, 1983.

CAPELA, José V. "Tensões sociais na região de Entre Douro e Minho". In: *O Distrito de Braga*, vol. III, 2ª série (VII), 1978, p. 29-104.

_____. *O Município de Braga de 1750 a 1834. O Governo e a Administração Económica e Financeira.* Braga: ed. aut., 1991.

CARO BAROJA, Júlio. *La sociedad cripto-judía en la corte de Filipe* III. Madrid, 1963.

_____. *Los judíos en la España moderna y contemporánea.* Madrid: Istmo, 1978.

CARVALHO, José Adriano de. "A leitura de *Il galateo de Giovanni della Casa na Península Ibérica: Damasio de Frias, L. Gracián e Rodrigues Lobo*". In: *Ocidente*, n° 79, 1970.

CARVALHO, José G. Herculano de. "Um tipo literário e humano do barroco: o 'cortesão discreto'". In: *Estudos Linguísticos*, 2ª ed., vol. II. Coimbra, 1984, p. 243-265.

ELLIOTT, J. "Revolts in the Spanish Monarchy". In: FOSTER, B. e GREEN, J. P. (eds.). *Preconditions of revolution in early modern Europe*. Baltimore, 1970

GAMA, Manuel F. da. *Terras do Alto Paiva. Memória Histórico-Geográfica do Concelho de Vila Nova de Paiva*. Lamego, 1940.

GREGORI, G. "L'elogio del silenzio e la simulazione". In: AA. VV. *Sapera e potere. Discipline e pressione nell'Università medievale e moderna*. Bolonha: Commune di Bologna, 1990, vol. III, p. 73-84.

HESPANHA, António Manuel. "Savants et rustiques. La violence douce de la raison juridique". In: *Ius commune* (Max-Planck-Institut f. europ. Rechtsgeschichte, Frankfurt/Main), n° 10, 1983, p. 10 e segs.

_____. "Da 'iustitia' à disciplina. Textos, poder e política no Antigo Regime". In: *Estudos em homenagem ao Prof. Doutor Eduardo Correia*. Coimbra, 1986, [saído] em 1989.

_____. *Vísperas del Leviathán. Instituciones y poder político (Portugal, siglo XVII)*. Madrid: Taurus, 1989.

_____. "As cortes e o Reino. Da União à Restauração". In: *Cuadernos de historia moderna*, Universidade Complutense, 1990, p. 21-56.

_____. "Justiça e administração entre o Antigo Regime e a Revolução". In: *Hispania. Entre derechos propios y derechos*

CALEIDOSCÓPIO DO ANTIGO REGIME   63

nacionales. Atti dell'Incontro di studi. Milão: A. Giuffrè, 1990, p. 135-204.

_____ (org.). Justiça. História e Perspectiva. Lisboa: Fundação Calouste Gulbenkian, 1993.

MARQUES, João Francisco. A Parenética e a Dominação Filipina. Lisboa: INIC, 1986.

_____. A Parenética Portuguesa e a Restauração. 1640-1668. Lisboa: INIC, 1989.

MUSI, Aurelio. La rivolta di Masaniello nella scena política barocca. Nápoles: Guida, 1989.

OLIVEIRA, António de. "Soulèvements populaires au Portugal à l'époque moderne – Revue bibliographique (1974-1987)". In: La recherche en histoire du Portugal, vol. 1. Paris: EHESS, 1989, p. 41-48.

_____. Poder e Oposição em Portugal no Período Filipino (1580-1640). Lisboa: Difel, 1991.

OSSOLA, Carlo e PROSPERI, Adriano. La corte e il "Cortegiano". I. La scena del testo. II. Un modelo europeo. Roma: Bulzoni, 1980.

PAZ ALONSO, Maria e HESPANHA, António Manuel. "Les peines dans les pays ibériques (XVIIIe.-XIXe. siècles)". In: La peine. Punishment. Bruxelas: De Boeck Univ., 1989, p. 195-226.

PRODI, Paolo. "Il giuramento universitario tra corporazione, ideologia e confessione religiosa". In: AA. VV. Sapere e potere. Discipline e professione nell'Università medievale e modern. Bolonha: Commune di Bologna, 1990, vol. III.

Revoltas e Revoluções, 2 vols. Coimbra, Instituto de História e Teoria das Ideias, Faculdade de Letras de Coimbra, 1984.

SANZ AYÁN, Carmen. *Los banqueros de Carlos II*. Valhadolid: Universidade de Valhadolid, 1989.

TENGARRINHA, José Manuel. "Lutas camponesas na transição do Antigo Regime para a sociedade liberal". In: *Estudos de História Contemporânea de Portugal*, Lisboa, 1983, p. 23-34.

TORRES, José Veiga. "Uma longa guerra social: os ritmos da repressão inquisitorial em Portugal". In: *Revista de História Económica e Social*, n° 1, 1978, p. 55-68.

_____. "O tempo colectivo progressivo e a contestação sebastianista". In: *Revoltas e Revoluções*, 1984, vol. I, p. 223-258.

VILLARI, Rosario. *Elogio della dissimulazzione. La lotta politica nel Seicento*. Bari: Laterza, 1987.

YERUSHALMI, Yosef Hayin. *De la corte española al gueto italiano. Marranismo y judaismo en la España del* XVIII. *El caso Isaac Cardoso*, 1971 (ed. util., trad. esp., Madrid: Turner, 1981).

Governo, elites e competência social: sugestões para um entendimento renovado da história das elites

O TEMA DAS ELITES foi, a certa altura, a forma de um duplo distanciamento, no domínio da história do poder.

O primeiro distanciamento ocorreu em relação aos tradicionais titulares da história do poder, que, durante gerações, tinha pertencido, aos historiadores do direito.

Ora, tanto uns como os outros – mais os primeiros do que os segundos – tinham uma ideia muito restritiva do que fosse o poder. Para eles, o poder era algo produzido pelo direito, nos lugares designados pelo direito, com os agentes nomeados pelo direito e sob as formas prescritas pelo direito. Este encerramento jurídico do poder atenuou-se um tanto com o advento da história das instituições que, pelo menos, distinguiu mais claramente o direito dos livros (*law in the books*) do direito tal como ele era vivido no quotidiano (*law in action*).

Como coisa formal, este poder lido sob a ótica do direito não tinha rostos. Ocupava-se apenas de lugares institucionais, transitoriamente ocupados por pessoas, mas por pessoas cujas idiossincrasias eram irrelevantes.

Ora a nova história social tinha descoberto que, na história, os "rostos" contavam na descrição do que era o poder. Embora, para ela, "rosto" fosse qualquer coisa de tão pouco (internamente) pessoal e idiossincrático como a classe, o grupo social, a profissão, a parentela, a rede.

A história das elites, ocupando-se de pessoas, dava – fosse ele qual fosse – um rosto à história política. E, com isto, quebrava a sua monotonia formalista, localizava-a em tempos e em espaços, fazia-a perceber diferenças de contexto, aproximava-a do quotidiano dos mecanismos do poder vivido.

O segundo distanciamento surge ainda de uma necessidade de desformalização. O materialismo histórico vulgar – e algumas das suas extensões não assumidas – também se rebelava contra o formalismo dos esquemas jurídicos. Mas substituía este formalismo por um outro – o de uma concepção bastante rígida do poder como um mero reflexo da luta de grupos também meramente definidos em função do seu lugar no processo social de produção – as classes. Algumas das extensões do marxismo ortodoxo concediam um pouco mais à pluralidade das relações de poder. Mas, se a história política tinha agora atores, eles eram reconhecíveis mais pelas suas máscaras tipificadas (burgueses, camponeses, burocratas, financeiros, nobres, terra tenentes) do que pelos seus rostos realmente individuais.

A história das elites – que arranca das concepções elitistas da filosofia política do século XIX[1] – procura fixar "rostos" individuais. Identificar "indivíduos" antes de lugares institucionais ou antes de

---

1 Nomeadamente: Vilfredo Pareto (1848-1923: *Un'applicazione di teorie sociologiche*, 1901), Gaetano Mosca (1858-1941: *Elementi di scienza politica*, 1896), Robert Michels (1876-1936: *Zur Soziologie der Parteiwesens in der modernen Demokratie*, 1911); sobre o tema, ver C. Wright Mills, *The Power Elite*, 2ª ed. New York, 1999; John Scott (ed.), *The Sociology of Elites*, 3 vols. Elgar: Aldershot, 1990.

posições de classe. Olhar para poderes efetivos, antes de olhar para o direito ou para o "sistema social". E, partindo do princípio de que os motores da história são os indivíduos – e não o direito ou as classes –, traçar a geometria dos poderes inter-individuais num certo contexto, procedendo, eventualmente, a uma micromodelização que, eventualmente, até podia adaptar-se a um lugar.

Os problemas surgem, todavia, de algumas doenças hereditárias que as referidas rupturas não foram capazes de impedir.

A primeira delas consiste no modo como tem sido definido o poder que faz com as elites sejam elites. Na minha opinião, a maior parte da historiografia que lida com elites continua a considerar de forma muito tradicional o poder que faz das elites... elites. Ou seja, quem ocupa os lugares de destaque num grupo (numa cidade, num país) são ou os que detêm poder político, ou os que se destacam pela fortuna, ou os que dominam pela cultura ou os que detêm ou o carisma ou a jurisdição religiosos. E este elenco de fontes de prestígio social – de fatores generativos de elites – teria uma natureza bastante rígida, aplicando-se como um fractal, a todas e quaisquer as dimensões do grupo social considerado.

Numa outra intervenção terei a ocasião de expor alguns pontos de vista hoje comumente emergentes sobre a explosão do conceito de poder e sobre as consequências que isto deve ter para uma historiografia política consequente. Aí direi como o conceito de poder se tem diversificado e atomizado. Como se tem descoberto uma microfísica do poder, que se infiltra molecularmente em todos os nichos do tecido social. Como o aparente não exercício do poder (como no exemplo paradigmático do liberalismo) é sempre uma devolução de poderes para outras instâncias (sejam elas a ciência, os agentes econômicos, as elites culturais, os fazedores de opinião). Quando o poder se capilariza, as suas manifestações, a legitimidade para mandar e a disponibilidade para obedecer, passam a ser outras. O poder interpersonaliza-se, depende dos fatores moles que movem o interior de nós mesmos – os afetos, os poderes de sedução, as hegemonias e dependências emocionais, os encantamentos e os aborrecimentos de toda a espécie, a beleza e a fealdade.

Por outro lado, a nova história do poder tem destacado como as geometrias políticas variam com a escala de observação: como uma geometria observável a um nível macro não se reproduz, tal qual, a um nível micro. Antes aí pode aparecer completamente invertida.[2]

Tudo isso não pode ter consequências só no plano da história do poder. Tem que as ter também no plano da história das elites.

A primeira consequência há de ser a de multiplicar os planos de emergência das elites, com a eventual consequência de trazer para a luz da observação histórica grupos de outro modo subalternos. O exemplo da mulher é, por ventura, dos mais paradigmáticos. No conjunto habitual de planos de emergência das elites, as mulheres nunca se notavam. Não podiam deter cargos, raramente eram por si mesmas ricas, poucas vezes se destacavam pela cultura. Todos estes planos correspondiam, de fato, a mundos masculinos, em que só vingavam as "mulheres viris", a partir de qualidades que eram masculinas. Pode dizer-se que só na compleição física eram mulheres, pois a sua economia moral era a dos homens. Apenas excetuaria deste

---

2   Por exemplo, sempre foi claro, mesmo para os agentes políticos da época, que à irrelevância política da Igreja ao nível nacional (sobretudo em países onde vigorava a separação entre a Igreja e o Estado) correspondia, ao nível local, uma enorme relevância do poder eclesiástico. Como é claro que a ausência das mulheres do mundo político dos homens era compensada por uma sua por vezes insuspeitada supremacia no pequeno mundo político da "casa". Cf. Giovanni Levi, *Le pouvoir au village, histoire d'un exorciste dans le Piémont du XVIIème siècle*. Paris: Gallimard, 1989; Jacques Revel, *Jeux d'échelles. La microanalyse à l'expérience*. Paris: Seuil-Gallimard, 1996.

CALEIDOSCÓPIO DO ANTIGO REGIME 71

caráter essencialmente sexista o mundo da piedade religiosa, em que, apesar da progressiva jurisdicionalização da fé – e, logo, da sua masculinização – alguns atributos tipicamente femininos se destaca- vam – a piedade, a caridade, a sensibilidade profética. Algumas ti- nham aura de santidade e, com isso, exerciam por vezes uma apreci- ável influência social, que as guindava ao nível de membros de elites. Mas como estes elementos de sensibilidade quase carismáticos são pessoalíssimos, frágeis, efêmeros e socialmente pouco estruturantes, não constituíam uma base para uma organização elitária, antes se podendo revelar como perigosos indícios de dissidência – a histeria, a prodigalidade, a emoção febril, a bruxaria.

Porém, se abandonarmos estes tradicionais planos de emergência dos grupos elitários e buscarmos, por exemplo, o do mundo doméstico, da medicina popular, da religiosidade marginal, aí temos as mulheres, em todo o esplendor das suas qualidades femininas, a concitar presti- gio, a capitalizar poder e a suscitar obediências e fidelidades. Realço que estou a incluir aqui o mundo doméstico, apesar da estrutura ex- ternamente patriarcal da família; porque não é fácil ignorar o papel dirigente das mulheres, desde a patroa até ao estruturado universo das criadas, quando, portas adentro, o marido descalça as botas, desabotoa o colete e pergunta: "Que é que temos para a janta?". Neste momen- to, ele deixa de ser o *pater famílias*, ingressando, submisso (mesmo rosnando) no mundo das mulheres da casa. Elite de mulheres, ape- nas aparentemente subalterna, é também o mundo das "mulheres de prazer", em alguns períodos e locais muito claramente hierarquizado e socialmente influente, em cujos espaços se integravam muitos mem- bros das elites masculinas, mas numa posição variamente ambígua: pagando embora os favores pagáveis, dependentes dos favores não pa- gáveis das mulheres, entre os quais o seu segredo e a sua discrição, condição da manutenção de um prestígio que capitalizavam noutros planos de emergência de elites; mas, sobretudo, condição, de uma sobrevivência confortável no mundo doméstico.

Outro campo interindividual e de emergência das elites é o da cura de almas, onde se geram as elites do confessionário.[3] Por meio da confissão auricular e da direção de consciência, controlam os confessados, mesmos os pertencentes às mais formais das elites, distorcem poderes instituídos (mesmo no seio da próprio Igreja, sobretudo a partir do casuísmo da teologia moral), corroem a hegemonia patriarcal. Reinam num mundo invisível mas absolutamente invasivo de tudo quanto é poder instituído, sendo que, como administradores da penitência e da absolvição, eles próprios participam desse poder visível, por vezes com instrumentos bem visíveis como a penitência pública e a recusa de absolvição ou a privação dos sacramentos.

Uma outra elite tradicionalmente menos notória é a do mundo dos médicos.[4] Não falo já dos médicos enquanto detentores de uma das "profissões imperiais",[5] próximos do poder e atraídos pela ambição de cura das doenças, não apenas dos corpos físicos, mas também do corpo social. Refiro-me antes à sua função de coadjutores da cura de si mesmo, do autocontrole de cada um, primeiro apenas corporal, mas rapidamente invasivo dos espaços psíquicos, como acontece a partir da segunda metade do seculo. XIX. E, com isto, à sua capacidade discreta mas muitíssima efetiva de intervir na vida pessoal, na economia das famílias, na mediação dos conflitos. O que, evidentemente, explica o seu protagonismo a níveis já mais habituais de estudo das elites.

---

3   Cf. Adriano Prosperi, *Tribunali della coscienza :inquisitori, confessori, missionari.* Torino, 1996; Miriam Turrini, *La coscienza e le leggi. Morale e diritto nei testi per la confessione della prima Età moderna.* Bologna, 1991; Paolo Prodi, *Una storia della giustizia.* Bologna: Il Mulino, 2000.

4   Podia acrescentar, dos advogados, dos procuradores ou dos notários.

5   Cf. Edmundo Campos Coelho, *As Profissões Imperiais. Advocacia, Medicina e Engenharia no Rio de Janeiro, 1822-1930.* Rio de Janeiro: Record, 1999.

CALEIDOSCÓPIO DO ANTIGO REGIME   73

E, nas sociedades coloniais, como esta baiana de que aqui se trata, não se pode deixar de considerar as elites subalternas, dos negros, dos escravos, das religiosidades africanas, que funcionam, naturalmente, com modelos de organização, com sinais de prestígio ou modelos de visibilidade, diferentes das elites tradicionalmente estudadas, mas com efeitos muito permanentes, generalizados e eficazes de organização dos poderes.

A segunda consequência desta nova metodologia de análise é a de assumir que as elites exprimem de formas não monótonas o seu poder social. Ou seja, que os seus sinais distintivos, a sua visibilidade, as suas formas de hegemonia, o tipo de dependências que suscitam são muito diversos, não se podendo reduzir a um modelo único. A novidade desta asserção não é muito grande, pois já se sabe que isto também acontece nas elites mais habitualmente estudadas. Mas, considerando estas elites que se estruturam sobre poderes capilarizados, sobre relações de um para um, naturalmente que a sua alteridade de organização e de sustentação é ainda maior. Aqui, a busca do segredo e da invisibilidade pode corresponder à política de ostentação e de reputação das elites tradicionais. A unipessoalidade da relação (segredo de confissão, segredo profissional) pode fazer as vezes do alardear da extensão pessoal da influência. Ritos secretos e iniciáticos podem substituir vistosas dramaturgias cívicas. A submissão ou disponibilidade podem produzir os mesmos efeitos do mando, enredando o dependente em gaiolas douradas de afetos e gratidões ou em ilusórias aparências de domínio.

A terceira consequência é a da já referida necessidade de avaliar os efeitos da mudança de escala de observação na estruturação das elites. O que obrigará, nomeadamente, a rever criticamente conceitos razoavelmente estabelecidos, como os de elite política, elite econômica, elite cultural, quando elas forem objeto de uma aplicação a um nível de análise que não é o original. É que, vistas as coisas de mais perto, as pequenas distâncias da macroescala tornam-se invisíveis, de tão grandes; e, pelo contrário, as dimensões interindividuais do poder, absolutamente invisíveis irrelevantes ao nível de um grande espaço social (digamos, de um país), tornam-se altamente significativas na microescala de um pequeno grupo.

Finalmente, a quarta consequência é a da necessidade de estudar de que modo todas estas elites – as formais e estas a que, por comodidade preguiçosa, chamo de informais – se inter-relacionam no microsistema social. De que modo os poderes obtidos numas se capitalizam noutras. De que forma os poderes de umas corroem os poderes das outras. Ou seja, de que modo esta formação de elites de vários tipos e planos, este desencontro dos poderes sociais, resulta, afinal, em cosmos temporariamente (precariamente) organizados.

Concluindo, com uma possível objeção.

O que se pode dizer é que, considerando as coisas assim, todos, em algum sentido (em algum plano) são tendencialmente elites. E que, com isso, o conceito deixa de ser operativo. O mesmo já se disse da panpolitização da sociedade operada pela análise de Michel Foucault. Ora bem. No caso do poder, a experiência de investigação já demonstrou que este alargamento do conceito, de modo a abarcar as suas múltiplas formas, só tem enriquecido a análise política, acrescentando-lhe dimensões e visibilizando aspectos até agora ocultos dos mecanismos do poder. É sensato esperar que o mesmo se passe no campo das elites. Mas, mais substancialmente, na verdade, em algum sentido, todos somos elite; porque todos temos algum grupo que nos reconhece, para o bem ou para o mal, como detentores de uma legitimidade para dirigir, em algum dos infindáveis planos da interação social.

Bibliografia

COELHO, Edmundo Campos. *As Profissões Imperiais. Advocacia, Medicina e Engenharia no Rio de Janeiro, 1822-1930*. Rio de Janeiro: Record, 1999.

LEVI, Giovanni. *Le pouvoir au village, histoire d'un exorciste dans le Piémont du XVIIème siècle*. Paris: Gallimard, 1989.

MICHELS, Robert (1876-1936). *Zur Soziologie der Parteiwesens in der modernen Demokratie*, 1911.

MILLS, C. Wright. *The Power Elite*. 2ª ed. New York, 1999.

MOSCA, Gaetano (1858-1941). *Elementi di scienza politica*, 1896.

PARETO, Vilfredo (1848-1923). *Un'applicazione di teorie sociologiche*, 1901.

PRODI, Paolo. *Una storia della giustizia*. Bologna: Il Mulino, 2000.

PROSPERI, Adriano. *Tribunali della coscienza :inquisitori, confessori, missionari*. Torino, 1996.

REVEL, Jacques. *Jeux d'échelles. La microanalyse à l'expérience*. Paris: Seuil-Gallimard, 1996.

SCOTT, John (ed.). *The Sociology of Elites*. 3 vols. Elgar: Aldershot, 1990.

TURRINI, Miriam. *La coscienza e le leggi. Morale e diritto nei testi per la confessione della prima Età moderna*. Bologna, 1991.

O historiador e o cidadão:
História e ciência política

AS DIFERENÇAS FUNDAMENTAIS entre os saberes da História e da Ciência Política decorrem de dois fatores.

Primeiro das intenções que respectivamente dirigem os dois saberes.

O interesse que dirige o conhecimento dos historiadores é hoje, cada vez mais exclusivamente, o mero interesse de conhecer o passado (narrativismo). Eventualmente, o de se chocar com a alteridade do passado, implicitamente para surpreender a variedade do humano, e para encarar, consequentemente, de forma crítica as pretensões do presente para se constituir como um modelo racional e necessário. As pretensões moralistas (normativas: "História mestra da vida") da história são de todo obsoletas; as cientistas (História ciência social) estão em notória crise.

O resultado é um discurso:

– descomprometido com o presente;
– tendencialmente relativista;
– ou, pelo menos, meramente narrativista.

A Ciência Política é intimamente dirigida por um projeto de engenharia política. Ou é abertamente normativisata, procurando identificar as regras de construção de uma "boa Cidade" ou de um "bom governo". Ou tende para um cientismo que pretende identificar as leis (gerais) de constituição, funcionamento e dissolução do poder. Qualquer destas intenções a distingue claramente da História, já que o seu discurso é:

– comprometido com a engenharia política (do presente);

– tendencialmente dogmático;

– ou, pelo menos, marcadamente cientista (i.e., referenciado ao valor forte de Verdade).

Os dois saberes apenas ocupam terrenos vizinhos quando a Ciência Política se abre para a ideia da multiplicidade de formas de organização do poder e para a multiplicidade de modelos explicativos dos fenômenos políticos. Mas, com isto, a Ciência Política já se está a confundir com a Antropologia Política.

Em todo o caso, a História e a Ciência Política podem servir-se mutuamente. A primeira, revelando a historicidade, o carácter "local", dos modelos e ideias políticos; problematizando pretensões essencialistas, universalistas, unidimensionais do poder; introduzindo um momento de crítica da unidimensionalidade na interpretação da Política. A segunda, servindo a primeira, ao assisti-la com um modelo de pensdamento voltado para a modelização (i.e., não empirista, não "évènementiel").

Como ilustração do que penso sobre estas relações, transcrevo dois textos recentes (editoriais da revista História), em que abordo esta temática.

O que é que ensinamos quando ensinamos história

Li recentemente uma interessante tese de doutoramento sobre as ideias que os professores (de uma certa zona do país; o que, para aqui, é irrelevante) têm sobre a História e o seu ensino.[1] Destaco dela duas constatações que creio poderem ter um interesse geral.

A primeira é a de que, quando perguntados sobre a natureza do saber histórico, os professores resistem a ideias nítidas, refugiando-se antes em definições de senso comum, pouco comprometedoras em relação às questões teóricas, abrindo para um certo relativismo cômodo ("É uma ciência social sobre a atividade dos homens num espaço e num tempo determinado", "É a ciência dos homens no tempo", "É uma disciplina científica que *ambiciona* conhecer, de forma verificável *e em toda a sua relatividade*, a evolução no tempo dos fenômenos e das sociedades humanas").

Já não compreendo muito bem que um historiador não se preocupe em saber, com rigor, o que é aquilo que faz. Ou que, pelo menos, se preocupe em se informar e refletir sobre isso. Que validade terá o seu saber, que transações sociais, culturais, etc., o afetam, que funções sociais desempenha; e por aí adiante. Acho que todos tendemos a sentir a necessidade de saber o que é que andamos a fazer por cá. Um professor de história, porém, tem, a meu ver, a estrita obrigação moral e social de não ser ingênuo nestas coisas. Além do mais, saber estas coisas torna-o melhor professor e, muito provavelmente, um professor mais interessante e, por isso, mais eficaz. Se um dos problemas do ensino da história é o da capacidade de fazer entender aos estudantes porque é que eles têm que aprender história

---

1   Olga Magalhães, *Concepções de professores sobre História e Ensino da História. Um estudo no Alentejo*. Universidade de Évora, 2000.

– num mundo tão autossuficiente que já ousou proclamara o "fim da história" –, não vejo bem como é que quem não sabe o que o saber da História possa desenvencilhar-se bem do encargo.

O que sei do estado do ensino universitário da História – apesar de tudo, ainda fortemente marcado, ou pelo positivismo ou por um cientismo *soft* e vulgar –, leva-me a supor que a reflexão dura sobre as questões de teoria e de método (no sentido forte da palavra) é pouco promovida. Ou que, em não poucos casos, é mesmo rotulada como uma força de bloqueio da verdadeira investigação e consequentemente despedida com um musculado "deixem-nos trabalhar!".

Mais me afligiu, porém, o desconforto dos professores perante qualquer insinuação de relativismo histórico (v.g, "É o conjunto de ficções verbais, cujos conteúdos são tanto inventados quanto descobertos", "Não é uma ciência porque não pode dar explicações de conjunto").

Creio que este desconforto provém afinal do fato de os professores crerem – e bem – que lhes compete "educar" e que a função educativa implica a transmissão de "valores", e não apenas de "conhecimentos". Nestes termos, uma história relativista, povoada de valores contextuais, temporais, locais, ela mesma descrita por uma historiografia assente sobre pontos de vista, sobre "re-construções" do passado, sobre uma escrita que se aproxima da literatura, parece que perde tudo aquilo que se supunha que a história poderia ensinar – valores "humanos", "sentido do progresso", "revelação da identidade".

E realmente, se por educar se entende transmitir valores feitos, fórmulas acabadas para viver ou receitas prontas para conviver, uma historiografia relativista pouco pode oferecer.

Mas "educar" – em todos os tempos e sobretudo neste nosso, marcado pela inovação frenética, pelas incógnitas do futuro, pelas experiências, agora domésticas, do multiculturalismo – deverá ser isso? Ou deverá antes ser ensinar a viver na incerteza e, na incerteza, construir arriscada mas prudentemente, humilde mas corajosamente, as pequenas e grandes certezas de necessitamos para viver?

Educar é treinar para a liberdade, para o risco, para a reflexão e para a crítica. É ensinar que a realidade é muito complexa e muito incerta; que não há muletas nem redomas que nos poupem a ter que arriscar sem garantias, a ter que decidir sem verdades pré-estabelecidas, a ter que viver sem exemplos. É treinar serenamente para a dramática experiência da liberdade. Mais do que isso, educar é também constatar a inesgotável variedade do humano, nessa igualdade sempre diferente que a história nos documenta e que a "historiografia sem verdade" ainda multiplica.

Na minha opinião, verdadeiramente educativo, epicamente educativo, é pôr os alunos perante a narrativa da invenção humana, perante as tentativas, perante os ensaios, perante os fracassos, também perante os êxitos, de quem, ao longo dos milênios foi obrigado a escolher sem possuir a chave do sucesso ou da verdade. E fazer isto através de um discurso interpretativo igualmente arriscado, em que cada historiador propõe leituras, se abre ao diálogo, afina argumentos, eventualmente os revê. Afinal, como na vida.

É neste sentido que, bem feitas as contas, a história segue sendo a Mestra da Vida.

Como é que um bom historiador trataria o 11 de Setembro?

Num livro recente, Maria de Fátima Patriarca dedica um livro de quinhentas páginas a um só dia de história do movimento operário

84   António Manuel Hespanha

português – o dia 18 de Janeiro de 1934.[2] Nele não relata, naturalmente, todos os fatos, todos os atos, todas as palavras, desse dia, nesse lugar.
Nem tão pouco repete, até ao tédio, a descrição de algum momento
marcante. Mas procura infatigavelmente raízes, reconstrói paciente-
mente os múltiplos itinerários, suspende todos os clichês e desfaz im-
piedosamente os mitos, dos próprios e dos que vieram depois, mesmo
daqueles que eu diria lhe possam ter sido simpáticos. Isto é, esforça-se
por nos fazer entender, em todos os cambiantes e detalhes, o que se
passou, o que não se passou e o que os comentadores contemporâneos
e seguintes disseram que se tinha passado. Por isso é que o livro é um
modelo de estudo histórico, inteligente e profundo.

Um bom historiador fará, um dia, o mesmo com o 11 de
Setembro.

Talvez comece pela história dos símbolos. Desde logo, pelo da
"torre", essa volúpia de construir para o alto edifícios tão pouco funcionais e tão perigosos como torres gêmeas de meio quilômetro. A
coisa deve levá-lo a Babel e a Ícaro, e a todo um enorme arquivo
de imagens que propõem a elevação tecnológica como sinônimo da
elevação cultural. A destruição e a queda estão aí inscritas como castigos canónicos, que o próprio Deus (dos judeus, dos cristãos e dos
muçulmanos, tal como os deuses do Olimpo) utilizou.

Depois, há-de escrutinar as imagens de "autossacrifício" e de
"martírio". Vê-las-á profundamente inscritas na história das culturas
modernas, a primeira mais a Oriente, a segunda, porém, endêmica
no Ocidente e pelo Ocidente glorificada, quer se trate do martírio
religioso, quer se trate do "morrer pela pátria", cujas profundas raízes foram investigadas por Kantorowicz. Essa loucura de entrega
suicidária tem sido constante na nossa cultura, com manifestações

---

2   Maria de Fátima Patriarca, *O 18 de Janeiro de 1934 na Marinha Grande*. 1997.

agonísticas em casos ainda recentes, desde a II Guerra aos suicídios colectivos de seitas estadunidenses.

Depois, virá a análise das imagens contrapostas de "terrorismo" e "atos de guerra". Ambos os conceitos são performativos; ou seja, não se limitam a descrever, mas insinuam valorações contrapostas. O "terror", a de ilegitimidade e barbarismo; a de "atos de guerra", a de licitude. Por isso é que "terroristas" são sempre os outros, nunca nós. "Guerreiros", sempre nós, nunca os outros. Uma análise histórica do uso das palavras, contrastada com a história do uso da coisa, pode ser muito esclarecedora de usos terroristas da palavra "terrorismo". Na análise histórica dos usos do terror, usando ou não a palavra terrorismo, desfilarão a "guerra sem quartel" medieval, as "guerras bárbaras" contra os ameríndios, a guerra de corso e contracurso, toda a enfiada de "guerras de pacificação" em África, os bombardeamentos terroristas no fim da II Guerra e uma lista de nomes trágicos: Congo, Shatila, Ruanda, Sri Lanka, Lockerbie, Países Bascos, Irlanda, Wiryamu, Sarajevo, Belgrado, Dili. Mas apenas alguns destes nomes aparecerão sob a etiqueta de "terrorismo". Mais radicalmente, outros atos de terror – como a condenação à miséria, à fome e à morte de continentes inteiros pelas leis de ferro do comércio internacional –, esses nunca aparecerão como actos terroristas; os trustes do petróleo, do cacau, dos diamantes, nunca serão postos ao lado de Al Qaeda.

Ainda do domínio da história simbólica estaria o estudo das origens da arrogância fundamentalista. Que não é só a dos radicais muçulmanos. Mas também a de todas as tendências de transformar valores relativos em valores absolutos. Por exemplo, a mesma construção artificial de símbolos universalistas, como o próprio World Trade Center, onde se casa o espalhafato arquitetônico com a arrogância da designação. Como que dizendo que todo o comércio do mundo era decidido ali, naquelas duas super-torres de Mannhatan. Talvez até não fosse tanto; mas, como mensagem de exclusão do mundo em relação a um factor essencial do seu bem-estar, funcionava o suficiente bem para eleger o edifício como alvo dos excluídos.

Depois, na investigação, viriam temas menos etéreos. Por exemplo, a arqueologia desta lógica de concentração urbana responsável pela gestação de cidades absurdas, como Mannhatan, em Nova York, ou Tsim Tchat Sui, em Hong Kong, onde qualquer desregulação ou desastre podem gerar um cataclismo. Ou os porquês nas falhas dos serviços de segurança. Por exemplo, porque é que o mapeamento dos movimentos de capitais, como os que permitem a Ben Laden dispor de fundos em todo o lado, lá desde a gruta de montanhas em que vive, não terem sido uma prioridade, nem parecer estar hoje a sê-lo. Algo terá a ver com a precedência que os direitos patrimoniais vêm obtendo sobre os direitos pessoais (a liberdade de empresa e o segredo bancário sobre a liberdade e privacidade pessoais, por exemplo) na ideologia política que prevalece nos fazedores de opinião do primeiro mundo.

Os historiadores, ao fazer história, não pretendem mais do que diagnosticar. As terapêuticas já não são consigo, pelo menos enquanto historiadores. É, seguramente, esta limitação de objetivos que lhes garante a liberdade de poder pensar profunda e complexamente.

Estadistas e políticos, ao pensar as coisas, pensam-nas a partir de objetivos pragmáticos que já lhes estão dados: pelos interesses políticos, pela opinião pública, pelos preconceitos dominantes. Daí que descartem tudo o que é muito complexo (e, eventualmente, paralisante), tudo o que não é popular, tudo o que afete interesses poderosos, tudo o que problematize as explicações mais fáceis. E os meios de comunicação, na sua dominante espiral de formação / ratificação do senso comum, não fazem outra coisa. Por isso é que, apesar de se poderem escrever vários livros de quinhentos páginas com tudo o se viu e ouviu sobre o 11 de Setembro na última semana, o conjunto é infinitamente mais pobre de análise e de inteligência do que o livro de Maria de Fátima Patriarca.

Fazer justiça, fazendo história

O temário das comemorações de Vasco da Gama, tal como tem sido por nós proposto, tem gerado alguma (pelo menos) perplexidade. A insistência no "olhar dos outros", a recusa do etnocentrismo, o descentramento da gesta portuguesa não tem caído bem a todos. A propósito das comemorações das viagens marítimas dos portugueses, não faltará quem pergunte qual é o sentido destas comemorações, num contexto civilizacional em que um dos pontos mais criticados é a criação de uma hegemonia mundial europeia, redutora da diversidade cultural e cuja história está plena de violências hoje penosas de narrar.

Já tenho vestido o meu guarda-pó de historiador e explicado que o olhar contextualizador é a condição para fazer boa história. E que, por sua vez, as comemorações só serão boas se se apoiarem nessa tal boa história. Embora eu ache que este argumento é bastante bom, creio, no entanto, que há quem pense que pode haver boas comemorações apenas baseadas numa história assim-assim ou mesmo sem qualquer base histórica. Como admito até que alguns pensem que a história boa é a história à portuguesa.

Uns e outros, achando fraca a desculpa, tenderão a pensar que se trata de uma atitude tática, filiada na atual preocupação pela correção política e reforçada más consciências ideológicas de cepa internacionalista e terceiro-mundista.

Vou tentar por hoje a questão na sua incômoda, presunçosa, mas verdadeira sede que é, afinal, a sede da moral das relações entre os povos e as culturas.

Colocar a questão neste nível implica, desde logo, excluir o calculismo político que consistiria em alinhar a estratégia das comemorações por objetivos meramente tácticos, como "não incomodar os indianos", "piscar o olho aos africanos", "ser simpático para com os ameríndios". Se, com princípios corretos, se conseguir isto, tanto melhor. Mas, a comandar a tática, tem que estar algum princípio moral relativo ao relacionamento entre nós e os outros. Que, se for justo, contribuirá mais para o bom entendimento do que mil boquinhas e chilreios bem intencionados.

Não gosto nada de falar de moral, até porque rareamento sei explicar bem a que melhor sinto. Mas procurarei, em dois ou três parágrafos explicar porque é que, do ponto de vista moral, temos, nós os portugueses, que nos esforçar muito em reconstruir uma imagem, na Europa, uma imagem não deformada do Outro.

Fomos nós, há cerca de quinhentos anos, que mais contribuímos para modelar aqui a imagem do Oriente. Comerciantes, missionários, viajantes, capitães, homens de letras e homens de ciência, oriundos de Portugal ou levados pelos portugueses, descreveram o Oriente. Como sempre acontece, essa descrição foi unilateral. Foi-o pelo enviesamento próprio de quem vem e vê de fora. Mas foi-o também pelo carácter autoapologético, "imperial" e "de cruzada" que caracterizou, fundamentalmente, a expansão portuguesa. Não falamos muitas vezes disso. Ou falamos menos disso do que de um alegado natural ecumenismo lusitano. O silêncio até se compreende, em termos dos chamados "respeitos humanos". Também não temos, nós os portugueses de hoje, que pedir desculpas a ninguém pelo que se foi passando, desde há quinhentos anos, nas relações entre nós e os outros.

Mas temos hoje o dever – que se cumpre com atos e não com piedosas, anacrônicas e inúteis desculpas – de tentar revelar o Oriente inabsorvível, incompreensível, indomável, radical e escandalosamente outro que os nossos cronistas não descreveram, que os nossos santos não catequizaram, que os nossos heróis não conquistaram, que os nossos reis não governaram, que os nossos mercadores nunca compraram, que os nossos sábios não entenderam, que os nosso salões não albergaram e que, finalmente, os nossos antropólogos exotizaram. Mas no qual alguns portugueses por amores vários se perderam, pelo qual alguns outros traíram ou apostasiaram e que talvez apenas alguns poucos dos nossos poetas tenham cantado ou, indizíveis as palavras, tenham calado.

Afastada a festa, deixada a história em paz, este é o grande desafio moral que se nos coloca. Saber se temos hoje a vontade e a força para corrigir aquilo que os nossos antepassados, com vontade e força, foram enviesando durante quinhentos anos.

A relação com o outro – no plano individual ou colectivo – é uma interminável dívida de abertura e de compreensão. Se não a pagarmos até ao fim, não seremos os únicos devedores insolventes. Mas devemos, pelo menos, estar dispostos a fazer, neste momento simbólico, uma primeira entrada.

Que fazer com a história incômoda?

A história dos judeus em Portugal é uma história incômoda. Apesar de tudo quanto se possa encontrar – e algo há de haver – de harmônico e de fecundo nos contatos da comunidade judaica com o ambiente humano neste canto da Europa, o certo é que, durante quase cinco sé-culos, os judeus não tiveram em Portugal a sua Terra Prometida.

Esta não é, evidentemente, a única história incômoda da his-tória de Portugal. Tal como a história de Portugal não é, nos dias de hoje, a única história incômoda, a este e outros propósitos.

Em muitos sentidos e em graus variados, a história é, de resto, sempre uma história incômoda, pois o certo é que nós não nos nunca podemos rever nos enredos do passado.

Que fazer, então, com as histórias incômodas que a história conta?

Desde há umas décadas que os historiadores aprenderam o suficiente acerca da ruptura histórica para não dramatizarem estes desencontros entre a sensibilidade do presente e as sensibilidades que modelaram as acções humanas no passado. Os historiadores sa-bem que, no passado, as quadros de valores eram outros, como outras eram as leituras do mundo e a panóplia dos sentimentos. A ideia de ruptura trouxe consigo a consciência da multidimensionalidade do homem, do caráter "local" das suas culturas e, consequentemente, da descontinuidade radical entre o passado e o presente. E esta des-continuidade tanto liberta o passado das categorias de avaliação do presente, como liberta o presente das responsabilidades do passado.

Para os historiadores, umas das condições para fazer "boa his-tória" é justamente esta desresponsabilização emocional e ética perante os objectos estudados. O passado foi o que foi e não pode ser reformatado. E a sua escrita – sob forma de história – visa hoje, justamente, conhecê-lo integralmente, na sua lógica e axiologia lo-cais, encerrando-o nesse estatuto de coisa definitivamente feita, que apenas nos interessa para nos chocar com a sua alteridade e contri-buir para nos dar tanto a irredutível diversidade do humano como a precariedade das nossas atuais certezas.

No entanto, e para a cultura do senso comum, a história é sobretudo continuidade. Aqui, pelo contrário, a história é a narrativa da familiaridade, na qual se constróem e se avaliam os legados do passado para a nossa identidade, se tecem diálogos através dos tempos entre nós e os que se diz serem os nossos maiores. Da história supomos receber um legado quase-biológico, um patrimônio material e um ambiente cultural. Tendemos a supor que essa herança constitui o casco da nossa identidade. E, como acontece sempre que irrompe a metáfora da herança, consideramo-nos tanto proprietários do seu ativo como responsáveis pelo seu passivo.

Do ponto de vista moral, a responsabilidade histórica não é, no entanto, fácil de justificar. Basicamente, apenas somos responsáveis pelo que fazemos nós próprios, na sociedade nacional ou internacional dos dias de hoje. Aqui é que temos que provar, segundo os padrões de avaliação dos nossos dias, os méritos das nossas condutas. Como também é hoje e perante os homens de hoje, que temos que arcar com as responsabilidades – que nenhuma história nem nenhum futuro remirá – pelos nossos erros e pelos nossos crimes.

Mas a ideia de responsabilização histórica nem sequer é moralmente muito saudável. Em nome da responsabilização histórica, muitos crimes se cometeram já. Para não ir mais longe, lembremo-nos do peso que teve, no antisemitismo europeu, uma alegada responsabilização histórica do povo judaico pela morte de Cristo. Além de que as "reparações históricas" frequentemente nos distraem de iniquidades que, ao mesmo tempo e de consciência aliviada, continuamos a cometer, não sobre comunidades históricas – de que, frequentemente, nem descendentes deixámos que ficassem –, mas sobre comunidades concretas hoje realmente existentes, cujo destino poderá, no entanto, vir a ser o mesmo.

Todos estes problemas se põem em relação, por exemplo, à história da expansão portuguesa.

Ela é, por um lado, uma empresa intelectual, a conduzir com o distanciamento e estraneidade antes referidos.

Mas é também uma componente da cultura atual e, por isso, do senso comum, quer de portugueses, quer de estrangeiros com quem os portugueses contactaram. Com a história – normalmente nas suas versões mais simplificadas e mais propagáveis –, portugueses e estrangeiros justificam as imagens que têm das suas identidades e legitimam as estratégias de relações mútuas insinuadas pelos respectivos imaginários. História e imaginação política coletiva (uma espécie de diplomacia do senso comum) potenciam-se uma à outra, dando-se mutuamente justificações e construindo um mundo cada vez mais sólido de certezas acerca de si mesmos e acerca dos outros. Os frutos deste enlace entre o documento e o sentimento não podem ser senão o impressionismo, o preconceito e a arrogância.

Qualquer instância que pretenda introduzir alguma racionalidade neste processo de formação dos imaginários políticos – seja a comunidade dos historiadores, seja uma entidade a quem compita uma intervenção cultural neste domínio – não pode ter senão uma política – a de problematizar a visão adquirida das coisas, dificultando que esta seja dada como assente e, com isto, introduzindo disfunções nos mecanismos de produção de imaginários coletivos simplistas.

Isto implica, desde logo, não acrescentar senso comum ao senso comum, cultivando uma história convencional, antecipável, domesticada, amável, aproblemática. Porque isto não é apenas redundante. É também legitimador, contribuindo para que a inércia das ideias assentes se prolongue e, prolongando-se, se consolide e ossifique.

Implica, como segunda obrigação, acrescentar complexidade (novos fatos, novas perspectivas, novas avaliações) às visões correntes.

Desconfiar da evidência, surpreender novos enfoques, surpreender pelo testemunho inesperado, avançar pela contra-mão. Porque isso dá conta da primeira característica das coisas, que é a sua inabarcável complexidade. E porque, ainda que as coisas não fossem assim, dá conta da incapacidade de um olhar para dominar todos os ângulos de visão.

Implica, finalmente, apresentar as novas visões como se elas fossem tão precárias e preconceituosas como as anteriores. Porque nem a reflexão – sobre a história ou sobre o presente – se fecha alguma vez em aquisições definitivas, nem os actuais analistas beberam, mais do que os anteriores, da fonte da eterna sabedoria.

Na base de um programa deste tipo, creio que é fácil encontrar consensos, mesmo acerca das histórias incômodas da história. Consensos não, porventura, quanto aos resultados, às leituras, às avaliações. Mas, pelo menos (que já é demais), quanto às metodologias intelectuais e às atitudes morais.

As faces de uma *Revolução*

A HISTORIOGRAFIA ESTABELECIDA da "Revolução" de 1640 repousa ainda sobre uma pré-compreensão do processo histórico e dos mecanismos politico-sociais do Antigo Regime que importa submeter à apreciação crítica.

A primeira componente desta pré-compreensão é constítuida por uma leitura nacionalista da História. Quaisquer que sejam os méritos politicos do nacionalismo nos dias de hoje, já se tornou claro desde há muito, para a historiografia da Europa pré-revolucionária, que o recurso a um sentimento nacional como chave interpretativa levanta mais problemas do que aqueles que pode resolver.

Concretamente, para a história de 1580 e de 1640.

Apesar dos testemunhos – frequentes já para o século XVI – de animosidade contra os castelhanos, o que é certo é que o século XV foi, no plano político, um século de dares e tomares entre Castela e Portugal, pontilhado de projectos de união, de sentido variegado, no seio de um vasto movimento de recomposição do espaço político ibérico. No século XVI, por sua vez, o intercâmbio cultural entre Espanha e Portugal, fomentado por uma ideia humanista da unidade da Hispania, foi intensíssimo. O próprio Camões – de quem a historiografia romântica vulgariza o dito de que "morreria contente, porque morreria com a Pátria" – usa indistintamente o português e o castelhano. Mas a esta indiferenciação linguística das camadas cultas haveria que juntar a imensidade de perfis biográficos e acadêmicos de artistas, professores universitários, pilotos, mercadores e financeiros que frequentam indistintamente os dois reinos.

Que, em 1580, a divisão dos partidos não coincide, de modo algum, com divisões "nacionais" é coisa que se tornou clara depois dos estudos de Vitorino Magalhães Godinho e, mais recentemente, de Fernando Bouza Alvarez. Tal como foi sugerido por José Mattoso, já para a crise dinástica de 1385, também em 1580 a lógica da formação dos blocos políticos (que não eram, rigorosamente, apenas dois, o "português" e o "espanhol") não era "nacional", tendo antes que ver com fidelidades grupais, com convicções juridico-ideológicas, com interesses políticos de segmentos particulares da sociedade portuguesa (o clero, os senhores, os circulos mercantis), com projetos de integração dos espaços econômicos ultramarinos, etc. E, do mesmo modo, também os espanhóis não sufragavam unanimemente a união, na qual alguns entreviam riscos graves para interesses gerais ou particulares. Perante isto, a explicação dada tradicionalmente para a adesão de uma importante parte dos grupos dirigentes e dos fazedores de opinião (nomeadamente, dos juristas) ao "partido espanhol" – a famosa "compra" – tem que ser posta de parte, como uma explicação muito redutora da complexidade dos motivos dos grupos que, a propósito da "união", se confrontaram.

No plano da discussão política então desenvolvida é sintomático que a questão da *naturalidade* do rei nunca tenha sido confundida com a da sua *legitimidade* e que aquela tenha estado sempre subordinada a esta. Na verdade, reis não naturais era coisa que não faltara nunca no panorama político europeu, sendo, portanto, impossível que

CALEIDOSCÓPIO DO ANTIGO REGIME   99

a teoria jurídica e política da legitimidade do poder real se apoiasse decisivamente neste tema. O "princípio do indigenato»"(ou seja, a reserva dos ofícios para os naturais) desenvolveu-se, sobretudo, para garantir aos vassalos de reis que fossem senhores de vários reinos, uma preferência (ou uma reserva) dos ofícios do seu reino; ou até, num ambito político mais limitado, para garantir essa reserva aos cidadãos de uma cidade frente a alienígenas. A naturalidade dos reis, essa era um elemento desejável, na medida em que facilitava o amor entre o rei e os vassalos e, com isto, facilitava o correto desempenho do ofício de reinar. Num contexto histórico em que a teoria do poder e a prática política estava ainda profundamente dominada pelo paradigma patriarcal nunca é de mais encarecer os elementos simbólicos que decorrem destas aproximações entre a naturalidade dos laços domésticos no seio da casa e a naturalidade dos laços senhoriais no seio do reino. Mas convém não esquecer, porque então também não se esquecia, que a naturalidade não provinha tanto do lugar do nascimento ou da "nação" dos pais (que domina a atual teoria da nacionalidade) como da ligação, pelo sangue, à dinastia predecessora (que dominava a teoria feudal-senhorial da legitimidade do poder). Provada a legitimidade da sucessão, de acordo com a constituição tradicional do reino, estava cumprido o principal requisito de um governo legítimo.

Realmente, e antes de tudo, o problema da legitimidade coincidia com o problema da constitucionalidade *do taulo* e da constitucionalidade *do exercício* do poder. E o peso que nisto tinha a questão da "nacionalidade" era mínimo.

O mesmo se passava no domínio da reflexão sobre a prática política onde, mais do que a "naturalidade", contava a residência no reino ou, em alternativa, a facilidade de comunicação (incluida a linguística) entre o rei e o reino. Nas primeiras quatro décadas de governo dos monarcas Habsburgos em Portugal, a questão central de organização do governo foi esta de garantir um fluente acesso ao rei. Procura garantir-se a sua residência em Portugal; sendo impossivel, a de um filho seu ou parente próximo. Estabelece-se que o idioma de governo seja, em Portugal, o português. Que as cortes sejam celebradas em Portugal e, continuamente, pede-se que o rei visite o reino e pagam-se para isso somas avultadas. A história do Conselho de Portugal, criado, sucessivamente reformado, extinto, restabelecido, é, afinal, a história das tentativas para organizar estes circuitos de comunicação de forma conveniente para as elites de poder (que, naturalmente, não há que confundir com o reino, no conjunto complexo dos seus interesses). Para uns, os que momentaneamente dominavam o Conselho, este era o instrumento indicado; para outros, os cortesãos *outsiders*, mais convenientes eram instituições informais, como "juntas" em que tivessem lugar garantido; para os pretendentes não integrados nestas elites, o melhor era a comunicação direta com o rei, despachando emissários para a corte de Madrid e evitando as despesas da praxe (em "luvas" e "empenhos") com os intermediários politicos do Conselho, do Governo de Lisboa e das secretarias. Estes últimos eram, seguramente, os que mais insistiam na necessidade de um rei *residente*, mais, por certo, do que na de um rei *natural*.

Na Restauração, também o *pathos* nacionalista tem que ser bastante problematizado. Em estudo recente, em que explorei os capítulos particulares das cortes de 1641, pude comprovar como, nessa reunião do reino, celebrada no centro nevrálgico da "revolução", dois meses depois de ela ter tido lugar, os tópicos nacionalistas ou, de um modo geral, relativos à "grande política" estão quase ausentes, ocupando o primeiro plano dos procuradores, nestas como em cortes anteriores, temas de política setorial ou local, relacionados muito mais com a vida quotidiana do que com a mudança dinástica ou a "recuperação da independência".

CALEIDOSCÓPIO DO ANTIGO REGIME   101

Só para quem tenha do imaginário político e dos mecanismos políticos seiscentistas uma representação anacronicamente próxima da dos dias de hoje aquilo que acaba de se dizer constituirá um motivo de escândalo ou surpresa.

A história institucional e política mais recente tem procurado mostrar que os modelos de organização e de representação do poder nas sociedades de antigo regime obedeciam a paradigmas completamente diferentes dos de hoje.

Por um lado, a sociedade política era imaginada como um corpo em que a integração das diversas partes num todo não comprometia a identidade e autonomia destas, tal como, no corpo humano, a harmonia do todo não prejudica a especificidade e autorregulação dos diversos órgãos. Pelo menos até à ascensão de Olivares ao poder, este modelo constitucional compósito constituiu a matriz de representação e de organização da Monarquia Católica, em que a "catolicidade" do todo se procurava articular com o respeito da autonomia de cada parte. Ao ponto de que, apesar da força da ideia de *unidade* na teoria da *monarquia*, se ficcionasse uma pluralidade de corpos místicos do rei, cada um correspondendo a um dos seus reinos. Exprimindo esta ideia, algumas representações cartográficas da Península do período filipino mostram, sobre as capitais dos vários reinos da Monarquia, figuras reais distintas, com as legendas correspondentes a cada reino, embora a do "rei de Espanha" tenha atributos iconográficos denotando a sua hierarquia superior. Na titulação passa-se o mesmo. Mas, sobretudo, esse é também claramente o espírito do estatuto de Tomar, bem como da política do *Prudente – no* grande e no pequeno. Saliente-se que este desenho constitucional não era funcional em relação a todos os interesses segmentares. Não o era, desde logo, em relação a uma política dinástica, ou de potência, por parte da coroa, no plano internacional.

Mas também não o era, por exemplo, em relação aos interesses dos senhores portugueses em adquirirem os privilégios jurisdicionais do direito castelhano ou dos mercadores lusos em serem considerados como naturais de Castela para terem acesso às Índias castelhanas. Apesar disto – e também porque servia outros interesses grupais (v. g. o das camadas burocráticas portuguesas em manter uma reserva dos ofícios palatinos para si; o dos grupos nobiliárquicos indigenas em manter o monopólio das doações régias; o da Igreja lusa, em manter um estatuto jurisdicional e fiscal mais favorável) – , o estatuto constitucional de reino autônomo manteve-se, sobretudo porque correspondia a uma imagem, muito antiga e enraizada, da constituição das monarquias como *unidades compósitas e plurais*. Neste contexto, Portugal era um reino independente e, apesar de sugestões no sentido da pura anexação, esta realidade constitucional nunca foi posta seriamente em causa.

Por outro lado, e agora no plano da prática do poder, a existência, no topo, de um monarca alienígeno não constituia uma realidade muito sensível para quem estivesse na periferia. Como tentei demonstrar noutro lado, o poder central seiscentista não dispunha, por um lado, de grande capacidade de irradiação periférica; e, por outro, mesmo no centro, estava repartido por uma multiplicidade de órgãos com atributos políticos quase soberanos, que expropriavam o centro de uma decisiva capacidade de intervenção. Acresce, no caso português, que, quer essas débeis extensões periféricas do poder central (corregedores, provedores) quer os órgãos palatinos do governo ordinário (Desembargo do Paço, Relações, Conselho da Fazenda, Mesa da Consciência, Conselho Geral do Santo Ofício) estavam reservados exclusivamente a portugueses, decidiam segundo a lei portuguesa e comunicavam em português. Apesar das tentativas para constituir uma administração-sombra, informal, baseada em

CALEIDOSCÓPIO DO ANTIGO REGIME 103

"juntas", a administração tradicional, baseada nos conselhos, sempre muito forte, porque se fundava, também, em princípios muito assentes de organização política, como o da supremacia do governo ordinário (da "jurisdição ordinária") sobre o governo extraordinário (a "jurisdição delegada") e, em regra, os órgãos administrativos de linha (a administração "sinodal") nunca tiveram grande dificuldade em, se não impor-se às juntas adventícias, pelo menos em paralisar o seu trabalho, enredando-as numa teia de litigios e dúvidas sobre as respectivas competências jurisdicionais.

Acrescia ainda a esta "descerebração" da monarquia e à consolidação das estruturas ordinárias e tradicionais do poder reinícola, que a periferia vivia largamente sobre si mesma, autobastando-se e autogovernando-se, segundo um modelo de *self-government*, formal e informal, que descrevi noutro lado e que a tornavam muito distante e insensível em relação às convulsões políticas do topo. Se, tão tarde como na segunda metade do século XVIII, Os reis de Portugal não sabiam bem que terras e senhorios existiam no reino, nem qual o estado jurídico-político exato de muitos deles, também é provável que em muitas das terras portuguesas não se soubesse muito acerca do monarca e dinastia reinantes ou que, sabendo-se, este saber fosse grandemente irrelevante do ponto de vista da politica prática local. E, assim, compreende-se facilmente que não seja fácil concretizar, com documentos na mão, a vaga de júbilo, de que alguns historiadores falam, dos conselhos portugueses face à Restauração.

Finalmente, nesta linha de argumentação que procura problematizar a relevância de um "centro político estrangeiro" como despoletador de uma reação nacionalista, há que salientar a continuidade – antes, durante e depois da União – de um polo político decisivo, a Igreja. Como tem sido recentemente mostrado, o poder eclesiástico tinha, nesta sociedade, um impacte local incomparável, constituindo, na prática, o único poder que conformava e disciplinava os grandes espaços territoriais e, nomeadamente, o português, não apenas no plano espiritual mas ainda no plano temporal. Ora a Igreja portuguesa, gozando de privilégios jurisdicionais singulares, pôde manter-se, como principal fonte de heteronormação experimentada na periferia, fundamentalmente alheia às mudanças dinásticas, desempenhando, sem alterações sensíveis por parte dos destinatários, o seu múnus disciplinador. O seu pessoal dirigente continuou a ser português, a sua relação com o poder temporal e a sua disciplina interna continuou a ser a mesma e a sua prática política acentuou ainda a vertente da continuidade, pois, além do mais, a Igreja só tinha a perder, em Portugal, com a "hispanização" do seu estatuto, quer do ponto de vista jurisdicional quer do ponto de vista fiscal.

Em suma, os pressupostos de uma leitura "nacionalista" da Restauração são dificilmente identificáveis por uma historiografia que não se deixe arrastar, nem pela reconstrução romântica dos eventos nem pela literatura justificativa pós-restauracionista em que, *ao lado de outros,* aflora também o tópico da oposição "português/ / castelhano", embora com menos vigor e com mais matizes do que pretende a sua interpretação mais corrente, também ela posta a circular pela pré-compreensão romântica e nacionalista.

Postas as coisas neste pé, importa encontrar para a Restauração explicações alternativas (ou, em todo o caso, complementares) da anterior.

Elas têm começado a aparecer, em estudos que se afastam cada vez mais de modelos monocausais e que procuram surpreender a complexidade de um contexto de interesses e insatisfações segmentares que, conjunturalmente, confluem num movimento secessionista.

Há, evidentemente, a insatisfação perante a pressão fiscal, sublinhada numa longa série de estudos do maior especialista da época,

António de Oliveira. Mas a luta antifiscal é, também ela, um fenômeno complexo, porque, atingindo o fisco diferentemente os vários grupos sociais, as estratégias de reação de cada um deles é diferente, sendo até frequente que cada um procure lançar sobre os outros os impostos que não quer pagar. Ou seja, também aqui a estrutura particularista da ordem jurídica, baseada no privilégio, dificulta a organização de uma oposição unificada, contribuindo, ao invés, para fragmentar e corporativizar as reações. A coroa, por sua vez, aposta habilmente – sobretudo na segunda metade da década de 30 – nestas fissuras do universo dos contribuintes, propondo alternativas fiscais que nele incidem diversamente e que fomentam, por isso, que cada qual, para defender a alternativa mais favorável, se ponha contra os outros. O povo pede a taxação da nobreza e da Igreja; esta insiste nos seus privilégios fiscais e sugere meios que recaiam apenas sobre os contribuintes tradicionais; os nobres procuram eximir-se por meio de serviços militares (ou, se possivel, apenas da sua vaga oferta); os pobres apontam para as elites econômicas e para tributos sobre a riqueza ou, pelo menos, que repartam a carga "com igualdade"; as elites conselhias, por sua vez, apostam nas fintas por si repartidas, em que, naturalmente, os menos poderosos arcariam com o peso principal do tributo; os oficiais, para salvaguardar as suas pagas, querem que se limite a liberalidade régia, sobretudo de doações à nobreza; mas já não estão tão de acordo em que essa limitação atinja, também, as tenças; os detentores de juros procuram graduar os seus créditos antes das tenças; e entre estes ruge uma férrea guerra quanto à precedência dos pagamentos. Todos querem que se gaste menos, mas cada um quer garantir que esta economia o não atinja: ou seja, os juristas não querem economia nos juros; os beneficiários de tenças querem continuar a recebê-las pontualmente; os oficiais não abrem mão dos seus salários nem veem com bons olhos a diminuição dos ofícios;

os senhores não aceitam a não confirmação das doações régias e, muito menos, a reversão à coroa dos bens doados; os comerciantes e outros interessados no comércio ultramarino (por exemplo, nobres beneficiados com "quarteladas") não querem que se economize na defesa das rotas e das conquistas; o povo não quer abrir mão dos saldos dos cofres dos órfãos e dos cativos. No meio disto tudo, as despesas claramente imputáveis aos "estrangeiros" (i. e., a entidades não integrantes do universo dos contribuintes) não eram muitas e, mesmo os autonomistas da época, veem-se em dificuldades para alargar as suas listas que, frequentemente, arrolam transferências "para Castela" que, no conjunto do desequilíbrio da fazenda, são ridículas. A insatisfação antifiscal é, assim, um complexo conjunto de queixas contraditórias; e, com as propostas de saneamento financeiras, passa-se o mesmo. Claro que o argumento de que fora a União que trouxera as dificuldades financeiras e criara uma maior pressão fiscal era natural e tinha fundamento, embora nem sempre pelas razões então aduzidas. E, com isso, a tese autonomista podia florescer neste caldo de cultura antifiscal.

No entanto, a reação antifiscal não esgotava o universo das insatisfações. Outras existiam, quase sempre também corporativas e segmentares. A Igreja estava a ser ameaçada pelo regalismo filipista, tendo as Ordenações de 1603 feito alguma marcha atrás em relação às isenções jurisdicionais concedidas por D. Sebastião; pedia-se-lhe progressivamente uma maior contribuição financeira, quer sujeitando a tributos gerais como o dos reais e, sobretudo, o do sal, quer endereçando-lhe pedidos diretos, quer privando-a das rendas das comendas vagas e do "ano do morto"; a pressão era, ainda por cima, sublinhada pela ameaça de cumprimento mais rigoroso das leis antiamortizadoras das Ordenações. A nobreza via dificultada a sua imediação ao monarca, era privada dos ofícios palatinos da inexistente corte de Lisboa e, ainda por cima, tinha que suportar a concorrência dos seus pares dos outros reinos da monarquia, sobretudo dos castelhanos, muito mais ricos e decorados com títulos e grandezas por cá desconhecidos. Os senhores assistiam à infiltração de alguns estrangeiros em títulos e dignidades nacionais e, sobretudo, não conseguiam – justamente pelo fato de Portugal manter a sua autonomia jurídica e política – obter o estatuto jurisdicional mais favorável dos senhores castelhanos. Os oficiais viam-se ofendidos nas suas prerrogativas pelo proliferar de juntas e comissários, às vezes integrados por espanhóis, em ofensa do princípio do indigenato estabelecido no estatuto de Tomar. Os juristas eram marginalizados. nas suas áreas tradicionais de influência, pelos "políticos" e "alvitristas". As leituras de bacharéis – provas de entrada na carreira das letras – são suspensas e fala-se, inclusivamente, no encerramento das faculdades jurídicas. Por outro, multiplicam-se as devassas ao comportamento dos tribunais, conduzidas por não juristas e originando, algumas delas, medidas punitivas. Os mercadores veem destroçado o comércio do Atlântico por uma guerra que "é do rei e não do reino"; a Grande Trégua deixa livre aos holandeses o império oriental português; laços comerciais tradicionais, como os laços com a Inglaterra e a Holanda, caem, agora, sob a alçada do juiz castelhano do contrabando; e a desejada abertura das Índias de Castela é obstaculizada pela separação constitucional entre os dois reinos.

Se deixarmos cair o exclusivismo ou mesmo a dominância do tópico "nacionalista" podemos ver, em toda a sua complexidade, a trama contraditória de interesses políticos e de grupos de poder que se perfilam, de um lado e do outro, na conjuntura da Restauração. O campo fica, então, aberto a um estudo detalhado da cena política: dos seus protagonistas, das clientelas que gerem.

dos interesses políticos, sociais e econômicos que agenciam, das estratégias políticas que se organizam e das suas coberturas discursivas. Muitas destas entidades têm, em 1640, histórias já antigas, algumas originárias ainda do contexto político da União, ou tras de grupos de poder da corte de Valladolid e de Madri no último periodo do governo do duque de Lerma, outras já do periodo olivarista, em que se ensaiam, no âmbito de toda a Monarquia, mas também no ambito mais localizado da política portuguesa, novos modelos de organização e de exercício do poder e em que se recrutam e promovem novas categorias de pessoal político, ligadas, nomeadamente, à gestão financeira e fiscal. O trabalho mais recente de Fernando Bouza Alvarez e de Jean-Frédéric Schaub pode esclarecer decisivamente a filigrana política da Restauração.

Mas, na sua cobertura ideológica mais geral, todos os motivos de descontentamento da multiplicidade dos grupos autonomistas podem reencontrar-se numa ideia – a *constituição* do reino, como conjunto da sua forma habitual de viver político, está a ser allterada ilegitimamente. De novo – como acontecera já com D. Sancho II e como irá acontecer mais tarde com D. Afonso VI – Portugal está a ser governado por um "rei inútil", por um tirano *in exercitio*. Que também o seja *in titulo – i. e.*, que careça de legitimidade dinástica – ou que estrangeiro é, postas as coisas neste pé, pouco irrelevante, embora se possa acrescentar que a não naturalidade do rei (e, sobretudo, a sua ausência) promove esse descuido das leis, foros e privilégios do reino. Assim, a primeira chave para restaurar o imaginário político que dá unidade as contraditórias insatisfações que subjazem à Restauração portuguesa (tal como a outros movimentos políticos europeus em prol do "governo habitual" e contra a mudança e a inovação) seria não a chave "nacionalista" mas a chave "constitucionalista". Restauração, não da independência nem sequer da dinastia legitima mas do "bom governo", da "justiça", da constituição.

Fazer uma história não "nacionalista" da Restauração permite, ainda, situar melhor os eventos portugueses no quadro da crise geral da Monarquia Católica, que se manifesta aqui, mas também, e quase contemporaneamente, na Catalunha, em Nápoles e na própria Castela. Em todos os movimentos – aparte diferenças conjunturais – é visível o traço comum da reação contra a inovação dos paradigmas e tecnologias de governo posta em marcha por esse ilustrado *avant la lettre* que foi D. Gaspar de Guzmán, conde-duque de Olivares; partidário de um governo ativo, interventor, reformista, "racionalizador", cujas concepções sociais e políticas "avançadas" chocavam frontalmente com o imaginário politico dominante e com os interesses mais estabelecidos dos grupos tradicionais do poder, em Portugal, na Catalunha ou em Castela. Ora esta tarefa historiográfica comparatista está também por fazer; como está por fazer um estudo atento e desapaixonado da politica de Olivares em relação a Portugal e do seu impacto nos diversos círculos sociopolíticos portugueses.

O conjunto de textos aqui reunidos, em geral apresentados no colóquio sobre "A Restauração e a sua época", organizado pela Fundação das Casas de Fronteira e Alorna, constitui, a nosso ver, um importante elemento de renovação historiográfica.

Orientação bibliográfica

Para uma perspectiva crítica da historiografia portuguesa tradicional sobre o periodo filipino e a Restauração e os seus contextos politico-ideológicos ver, por último, Luis Reis Torgal, "A Restauração nas ideologias e na historiografia". In: *História e ideologia*. Coimbra, 1989;

e Fernando Catroga, "Nacionalismo e ecumenismo. A questão ibérica na segunda metade do séc. XIX". In: *Revista Cultura, história e filosofia*, IV (1988). Falta, na bibliografia recente, uma visão de conjunto sobre o periodo filipino. As páginas de Joaquim Verissimo Serrão, um dos especialistas da época, na sua *História de Portugal* (Lisboa 1977ss., vol. III), veiculam, frequentemente, pontos de vista tradicionais e pouco distanciados; e, até pela índole do livro, não atingem o detalhe necessário. Mais interessantes, apesar da sua generalidade, são, por um lado, o artigo, já com cerca de trinta anos, de Vitorino Magalhães Godinho, "1580 e a Restauração". In: Joel Serrão, *Dicionário de História de Portugal*. Lisboa: Iniciativas Editoriais, 1966-1968; republicado em *Ensaios, II*, Lisboa: Sá da Costa, 1968, 1975); e, por outro, as páginas interpretativas dos dois livros de João Marques, a seguir citadas, e as que John Elliott dedicou à política portuguesa, na sua magistral biografia do conde-duque *(The Count-Dute of Olivares. The statesrnan in an age of decline*. London: Yale Univ. Press, 1986 [há trad. espanhola]); páginas que tornam menos indispensável a leitura das anteriores sínteses, de John Lynch, R. A. Stradling, G. Parker, I. A. Thompson ou Domínguez Ortíz. Interessante é, também, a leitura dos memoriais de Olivares, nomeadamente do "Grande Memorial" (1624), hoje publicados por John Elliott e José Francisco de la Pena *(Memoriales y cartas del Conde Duque de Olivares*. Madrid: Alfaguara, 1978), bem como das comunicações ao colóquio *La Espana del Conde Duque de Olivares*, org. por John Elliott (Valladolid: Univ. de Valladolid, 1987), cobrindo a política olivarista em relação a diversos temas e aos distintos domínios da monarquia. Sobre aspectos mais monográficos, salienta-se a vasta e fundamental série de estudos de António de Oliveira, nomeadamente sobre reações antifiscais e conjunturas políticas (ver a síntese e referências bibliográficas em António de Oliveira, "Soulèvements populaires au Portugal à l'époque moderne (1974-1987)". In: *La recherche en histoire du Portugal.* Paris: EHESS,1989 e *Poder e oposição em Portugal no período filipino (1580-1640).* Lisboa: Difel, 1991); a bela tese de doutoramento de Fernando Bouza Alvarez, *Portugal en la monarquia hispanica (1580-1640). Filipe 11, las cortes de Tomar y la genesis del Portugal Católico.* Madrid, Univ. Complutense, 1987 (de que se esperaria uma indispensável edição portuguesa); o mesmo autor continua a publicar estudos de pormenor muito relevantes (como, por exemplo, uma edição interessantíssima das *Cartas de Filipe 11 a sus hijas.* Madrid: Turner, 1988 [algumas de Lisboa, cheias de significativos detalhes]); e os notáveis livros de João Marques sobre a parenética (A *parenética portuguesa e a dominação filipina.* Lisboa: INIC, 1986; A *parenética portuguesa e a Restauração. 1640-1648.* Porto: INIC, 1989). Salientem-se, ainda, como estudos regionais sobre o período, a tese de doutoramento de Fernando Ribeiro da Silva sobre O *Porto e o seu termo (1580-1640). Os homens, as instituições e o poder.* Porto, 1985 (completada por ulteriores estudos de detalhe, nomeadamente sobre as cortes de 1619) e um trabalho do mesmo tipo de Avelino de Freitas Meneses, *Os Açores e o domínio filipino (1580-1590).* Angra do Heroísmo: Instituto Histórico da Ilha Terceira, 1987. No colóquio celebrado em Lisboa, por iniciativa da Fundação das Casas de Fronteira e Alorna ("Encontro sobre a Restauração e a sua época", Lisboa, Junho 1990), cujas atas aqui se publicam, foram apresentadas comunicações inovadoras de jovens investigadores, com destaque para as de Jean-Frédéric Schaub, sobre a central questão da tributação do sal, e de Pedro António Cardim, sobre as cortes da Restauração. Mais recentemente, são ainda centrais, os seguintes trabalhos: Mafalda Soares da Cunha, *Redes clientelares da Casa de Bragança (1580-1640).* Évora, Dep. História, difus. restr., 1997; Jean-Frédéric Schaub, *La vice royauté espagnole au Portugal au temps du Comte-Duc d'Olivares (1621-1640). Le conflit de juridicition comme exercice da politique*. Paris: EHESS, difus. restr., 1997. Enquanto que Rui Manuel Bebiano do Nascimento, *A pena de Marte. Escrita da guerra em Portugal e na Europa (sécs. XVI-XVIII)*. Coimbra, Fac. Letras, difus. restr., 1997, aporta alguns elementos relevantes. Do estrangeiro chegam-nos ainda estudos mais setoriais, mas esclarecedores de alguns contextos particulares, de Stuart Schwartz, *A Governor and his Image in Barcque Brazil. The funeral eulogy of Afonso Furtado de Castro do Rio Mendonça by Juan Lopes Sierra*. Minneapolis: Univ. of Minnesotta, 1979; de Santiago de Luxán Meléndez, *La revolución de 1640 en Portugal, sus fundamentos sociales y sus caracteres nacionales. El Consejo de Portugal: 1580-1640*. Madrid: Univ. Complutense, 1986; de Cl. Gaillard, *Le Portugal sous Philippe 11 d'Espagne. L'action de Diego de Silva y Mendoza*. Grenoble, 1981; e, sobre a importante rede de banqueiros portugueses, uns apoiados (e apoiando) a corte de Madrid, outros financiando D. João IV, o estudo recente de James C. Boyajian, *Portuguese banquers at the court of Spain, 1626-1650*. New Brunswick, 1983 (que pode ser completado por estudos mais antigos, nomeadamente pelo capitulo do livro *El Banco de Espana. Una história económica*. Madrid, 1970, p. 1-196, do grande mestre Felipe Ruiz Martin e, agora, pela *tesinma* do malogrado Nicolás Broens, *Monarquia y capital mercantil: Felipe IV y las redes comerciales portuguesas (1627-1635)*. Madrid, 1989); bem como por alguns capítulos do livro de Carmen Sanz Ayán, *Los banqueros de Carlos II*. Valladolid: Univ. Valladolid, 1989; e por David Grant Smith, *The mercantile class of Portugal and Brazil in the seventrenth century: a social-economic study of the merchants of Lisbon and Bahia*. Austin, Univ. of Texas, 1975 (Ph. D. Thesis).

Importará ainda ter em conta, quando forem publicadas, as atas de dois recentes colóquios sobre esta temática (Paris, EHESS, Maio de 1992; Salamanca, Univ. de Salamanca, Outubro de 1992)

Quanto à problemática historiográfica subjacente a este texto relativamente ao sistema de poder de Antigo Regime expu-la, fundamentalmente, no meu livro *Vísperas del Leviathan. Instituciones y poder político. Portugal – siglo XVII*. Madrid: Taurus, 1989 (ed. port., Coimbra: Almedina, 1993) e alguns outros artigos ulteriores. A aplicação ao tema aqui analisado foi esboçada na comunicação que apresentei no citado colóquio sobre Olivares, organizado por J. Elliott, e que aparece publicado nas respectivas atas.

A questão do absolutismo no sistema político da época moderna

HÁ CERCA DE VINTE ANOS discutia-se com um certo ardor, entre os historiadores, a questão das origens e da evolução do Estado Moderno. Ou seja, a questão da origem e desenvolvimento daquela forma de organização do poder que Max Weber, nos anos 1920, tinha definido como característica da "modernidade" e que – pondo as coisas muito esquematicamente – se caracterizava como se segue:

– centralização do poder;

– regulação geral e abstrata das situações, o que, por sua vez, envolve: (i) o culto das soluções gerais e a tendencial irrelevância das diferenças (de estatuto social, de sexo, de religião, de ideias políticas); logo (ii), a indiferenciação dos súditos (indivíduos), (iii) o primado do direito genérico (*i.e.*, basicamente, da lei); (iv) a regulação abstrata dos processos;

– a introdução de critérios racionais (genéricos e abstratos de governo);

– a generalização das questões políticas e, com isto, a subida de nível (para o nível "nacional") do politicamente relevante,

118 António Manuel Hespanha

sendo a política abaixo desse nível uma manifestação (negativa) de "corporativismo", "paroquialismo", "egoismo".[1]

Do que se tratava, na polêmica a que nos referíamos, era de saber quando tinha surgido e que perfil de evolução apresentava esta forma moderna da política.

As posições em confronto eram, basicamente duas. A dos que propunham para a modernidade uma genealogia provecta, buscando origens da centralização política nas monarquias medievais, prenúncios do legalismo nas capitulares francas, antecipações da formalização dos processos políticos nas técnicas de decisão dos juristas letrados do direito comum, primórdios da abordagem generalista das questões políticas nas noções medievais de *respublica* e de "bem comum".

Outros, pelo contrário, pensavam que a modernidade política era realmente "moderna" e que o Estado contemporâneo tinha sido uma recente e custosa conquista do século XIX, na base de um modelo intelectual apenas imaginado na segunda metade do século XVIII[2] ("Lo Stato immaginario"). Para estes, sendo impossível uma retroprojecção do imaginário estadualista sobre o período anterior aos meados do século XIX, o que se tornava necessário era reidentificar, livre de preconceitos atualistas, a lógica específica do sistema político do Antigo Regime, varolizando

---

1 Sobre esta problemática, em síntese, António Manuel Hespanha, *Poder e instituições na Europa do Antigo Regime*. Lisboa 1984, prefácio (89 p.) e seleção de textos.

2 Sobre a corporização institucional deste imaginário estadualista (com referência ao modelo italiano), Pietro Costa, *Lo Stato immaginario. Metafore e paradigmi nella cultura giuridica fra Ottocento y Novecento*. Milano: Giuffrè, 1986; para Portugal, A. M. Hespanha, "A consolidação da ordem estatalista (1851-1910)" (de colaboração com J.-M. Scholz). In: António Reis (coord.), *Portugal contemporâneo*. Lisboa: Ed. Alfa, 1988. II, p. 101-110.

sobretudo aqueles traços que eram opostos aos princípios construtivos do Estado Moderno.[3] Ou seja:

– o particularismo e pluralismo jurídicos e políticos, ou seja, a consideração da *polis* como um agregado de poderes particulares e da governação como a arte de manter diferente o que era diferente e de o tratar diferenciadamente;

– a descentralização política, concebendo a república como uma constelação política articulada por processos espontâneos de autoequilíbrio;

– o experimentalismo e tradicionalismo dos processos de governo, concebendo a política como uma ciência prática baseada mais na memória dos casos passados do que na capacidade de elaborar racional e abstratamente sobre (de "inventar" soluções para casos hipotéticos;

– a imediação entre a política e a vida quotidiana, que decorria justamente do carácter microscópico das unidades políticas.

O ardor desta discussão política – que se prolongou por mais de uma década – indiciava que se estava a discutir mais do que um problema histórico. E realmente estava.

De fato, a história, mesmo a mais bem feita, não é imune aos interesses intelectuais, vivenciais e políticos do momento em que é escrita.

Ora, nesse início dos anos 1960, em que se perfilou a polêmica sobre o Estado moderno, os interesses em torno do objeto Estado estavam bem acesos.

Por um lado, o Estado – esse artefato da modernidade – parecia ter ganho em todas as frentes. A Leste e a Ocidente ele comandava

---

3 Cf., sobre este modelo alternativo, Hespanha, *Poder e instituições… op. cit.*; também, *idem,* "Savants et rustiques. La violence douce de la raison juridique". In: *Ius commune,* 10 (1983), Frankfurt-Main, p. 1-48.

a política, impondo-se como um fator de racionalização da sociedade. A sua exportação para for a do seu habitat tradicional – a Europa e as Américas – estava a fazer-se, na sequência da descolonização, em ritmo veloz e, aparentemente, com bons resultados. Se a democracia representativa vacilava (ainda) nas paragens africanas e asiáticas, o modelo estadual do monopólio central do poder e da política, da regulação pela lei e pelo código, da resolução dos conflitos pela justiça oficial, da monitoragem pelo Estado dos processos de desenvolvimento econômico, social e cultural, tinha-se aparentemente imposto.

A celebração historiográfica da provecta genealogia do modelo estatalista acrescentava ainda mais prestígio a essa forma imparável da política contemporânea. Descrevendo, por outro lado, o modo como essa categoria da razão política tinha, ao longo de mais de oito séculos, evoluído – guiada pela reflexão de gerações de intelectuais e de políticos – de uma intuição para uma instituição.

De passo, em alguns países, esta visão retrospectiva, permitia justificar pioneirismo no capítulo da construção da modernidade política. Como, por exemplo, em Portugal, a precocidade da unidade territorial (finais do século XIII), do carácter regular da legiferação (século XIV), da centralização política ou da codificação do direito (século XV).

Por sua vez, a leitura antiestadualista também tinha motivações nas vivências políticas dos anos 1970.

Por um lado, ela inspirava-se nas críticas – curiosamente, tanto de esquerda como de direita, que nesta altura como que se casavam numa sensibilidade que, mais tarde, se veio a etiquetar de pós-moderna – ao modelo estadualista, esse monumento da política modernista, macroscópico, artificial, despersonalizador, massificador.[4]

---

4 Cf., em síntese, A. M. Hespanha, "A história das instituições e a 'morte do Estado'". In: *Anuario de filosofia del derecho*. Madrid, 1986, p. 191-227; *Idem*,

CALEIDOSCÓPIO DO ANTIGO REGIME 121

Por outro lado, é nesses mesmos anos que se começam a manifestar as dificuldades de implantação dos modelos políticos do primeiro mundo fora da sua área de origem. É a época do início de reações generalizadas à recepção pura e simples na África e na Ásia dos modelos europeus de organizar e de governar. Isto desperta os antropólogos para os estudos da especificidade da razão política e jurídica fora da Europa. Começa-se então a ter uma consciência mais disseminada do carácter plural da razão política, do enraizamento cultural desta, da sua quase intransferibilidade. E, com isto, do caráter também local da razão política e jurídica europeia que, agora visivelmente, não podia pretender a ser muito mais do que um e apenas um dos possíveis modelos de organização política.[5]

Era nesta tarefa de desconstrução da naturalidade do Estado que colaboravam os historiadores antiestatalistas, quando identificavam as rupturas entre as formas modernas da política e as formas que esta assumira na cultura tradicional europeia.

Salientavam, por exemplo, essa paradoxal (do ponto de vista contemporâneo) aproximação entre "república" e "família", entre as categorias da "política" e da "casa", tão habitual no pensamento medieval e moderno sobre o poder. Aproximação que permitia migrações conceptuais (*v.g.*, do conceito de *oeconomia* do governo doméstico para o governo político), utilização mútua de metáforas (o rei como "pai dos súditos", como "marido da república", o reino como "dote"),

---

"Pré-compréhension et savoir historique. La crise du modèle étatiste et les nouveaux contours de l'histoire du pouvoir". In: Claus Peterson (ed.), *Juristische Theoriebildung und rechtliche Einheit. Beiträge zu einem rechtshistorischen Seminar in Stockholm im September 1992* (= *Rättshistoriska Studier*, serien II, Nittonde Bandet). Lund: Bloms Boktryckeri, 1993, p. 49-68.

5 Cf. Clifford Geertz (ed.), *Old societies and new States*. New York, 1963; *Idem, Le savoir local, savoir global. Les lieux du savoir*. Paris: PUF., 1986.

invocação de sentimentos comuns (*v.g.*, o amor entre governantes e governados; o dever de "piedade" dos súditos; o dever de protecção paterna dos governantes; ou de "fraterna correção" dos concidadãos).[6]

Estudavam o papel das solidariedades "espontâneas" na estruturação da grande política. Desde a família, a que acabamos de aludir, até aos grupos de "amigos", às solidariedades clientelares ou de vizinhança. Salientavam que, neste modelo político "personalista", os laços políticos individualizados contavam muito mais do que laços abstratos de concidadania ou de nacionalidade. Que os deveres para com os amigos – como o dever de proteção, de misericórdia, de gratidão – se impunham a deveres genéricos de igualdade no tratamento, de imparcialidade, que virão a ser típicos do modelo estadualista. Aos juízes, por exemplo, era legítimo algum favorecimento ou misericórdia no julgamento dos amigos;[7] assim como se entendia que a atribuição de cargos ou benesses pelos reis correspondia a um dever de favorecimento de quem o tivesse servido antes.[8]

Também se estudaram as formas alternativas de resolução de litígios a que então se recorriam, em que os processos "privados" de composição amigável ou uma larga série de instâncias não judiciárias (desde

---

6 A. M. Hespanha, "La senda amorosa del derecho. Amor e iustitia en el discuso jurídico moderno". In: Carlos Petit (ed.), *Pasiones del jurista. Amor, memoria, melancolia, imaginación*. Madrid: Centro de Estudios Constitucionales, 1997.

7 A. M. Hespanha, "Justiça e administração entre o Antigo Regime e a Revolução". In: *Hispania. Entre derechos proprios y derechos nacionales. Atti dell'incontro di studi*. Milano: Giuffrè, 1990; *Idem*, "Da 'iustitia' a 'disciplina'. Textos, poder e política penal no Antigo Regime". In: *Anuario de história del derecho español*. Madrid, 1988; versão portuguesa, em *Estudos em homenagem do Prof. Eduardo Correia*, Faculdade de Direito de Coimbra; versão francesa, "Le projet de Code pénal portugais de 1786. Un essai d'analyse structurelle", em *La Leopoldina. Le poltiche criminali nel XVIII secolo*, vol. 11. Milano: Giuffrè, 1990, p. 387-447.

8 Cf. A. M. Hespanha, *História de Portugal Moderno. Político-institucional*. Lisboa: Universidade Aberta, 1995.

os ordálios aos duelos, passando pelo *charivari*, a "vergonha pública", a autodefesa e a punição espiritual) contrastam com o afunilamento na direção da jusitça formal que hoje conhecemos.[9] Ou ainda as formas não oficiais ou não estaduais do direito, que davam à ordem jurídica tradicional europeia uma estrutura policentrada e pluralista.[10]

Esta corrente historiográfica acabou por se integrar harmonicamente num vasto movimento de crítica do modelo estadualista contemporâneo, na qual confluíam tanto os tópicos intelectuais do pós-modernismo,[11] como o diagnóstico dos sinais cada vez mais evidentes de uma crise generalizada do modelo "Estado", da gestão da política despersonalizada, centralizada e monopolista, "em grande", ao nível macro, no plano do Estado-Nação.[12]

Claro que a história não se repete e que, por isso, da história não se podem tirar lições. Mas existiu uma apreciável coincidência entre o diagnóstico dos que refletiam politicamente sobre o esgotamento do modelo Estado e algumas das constatações dos historiadores sobre os modelos tradicionais da política na história europeia.

A primeira constatação tinha um carácter muito geral – era a de que, em face das rupturas e manifestas diversidades das categorias do político, mesmo no espaço cultural da Europa, se tornava muito difícil falar numa racionalidade política transtemporal ou de um cálculo político "racional". Como estes historiadores trabalhavam sobre

---

9 Cf. A. M. Hespanha, *La gracia del derecho*. Madrid: Centro de Estudios Constitucionales, 1993.

10 Cf. Hespanha, "A consolidação da ordem estatalista"... *op. cit.*; *Idem*, *La gracia del derecho*, *op. cit.*

11 Cf., com bibliografia suplementar, A. M. Hespanha, *Panorama da história da cultura jurídica europeia*. Lisboa: Europa-América, 1996 (eds. chinesa, Pequim, italiana [Il Mulino, Bolonha] e espanhola [Tecnos, Madrid] em preparação).

12 Para uma síntese, Hespanha, "A história das instituições"... *op. cit.*; *Idem*, *La gracia del derecho*, *op. cit.*

a tradição cultural europeia – e frequentemente sobre a sua melhor tradição letrada (do direito à teologia) – nem sequer era possível desvalorizar as diferenças com essa sutil dose de racismo que permite descartar (etnologizando) os modelos alternativos averiguados pela antropologia de culturas não europeias ou camponesas.

Outras constatações diziam respito já a características do estofo da política.

Em relação a estas, tem que se ter alguns cuidados metodológicos. É por vezes muito apetecível trazer para o debate contemporâneo os exemplos de "bom funcionamento" de soluções alternativas conhecidas da história. Claro que isto é errado. O conceito de "bom funcionamento" é também meramente local, dizendo respeito a conceitos – o de "bondade" e o de "operacionalidade" – que apenas têm um valor local. No passado, entendia-se que certa instituição "funcionava" e "bem"; mas o juízo é deles, não nosso. Pelo contrário, se somos nós que formulamos esse juízo, falta-nos ainda provar (o que não é nada pouco) que esse "bom funcionamento" se manteria mesmo alteradas brutalmente os contextos históricos; assim como falta saber se estaríamos dispostos a pagar o preço de manter, ao lado da que "funciona bem", todas as outras instituições "que funcionam mal", mas que se soldavam à primeira no seio de uma conjuntura histórica.

Em todo o caso, o argumento histórico não é de todo inútil. Quanto mais não seja para fazer a polícia dos argumentos históricos invocados pelo senso comum e que, normalmente, pouco mais são do que mitos convenientes. A história – como saber especializado – ganha a função de um crivo crítico, muito útil para a racionalização de certas discussões.

CALEIDOSCÓPIO DO ANTIGO REGIME   125

Neste sentido, pensando agora no contexto português e nos interesses políticos que hoje[13] o percorrem, vale a pena inventariar alguns pontos úteis de intervenção "purificadora" dos historiadores. Saliento alguns, para Portugal.

– A coexistência de vários sentimentos de identidade, dos quais um dos menos fortes, até muito tarde, era o de identidade nacional (*patria communis*): identidades locais (*patria chica*, "patrícios", regional "patria interamnense"), identidades religiosas, identidades estatutárias, identidades "supranacionais".

– A problemática identificação de fronteiras "nacionais" (Coutos Mistos de Montalegre, Correlhã); pescadores da Póvoa.

– Problemática sensibilidade local das questões "nacionais".

– Forte autonomia local, de matriz conselhia, que incluía autogoverno e capacidade legislativa derrogatória da lei geral;

– Pequena densidade dos aparelhos administrativos centrais, mesmo no domínio da justiça;

– 500 dos 1.700 oficiais da coroa estavam na corte;

– aos 1.200 restantes corespondiam 12 mil conselhios (1 para 10);

– Importância esmagadora dos mecanismos informais de resolução de conflitos (sobretudo no norte);

– Policentrismo econômico (vales do Douro e do Tejo, zonas costeiras, zonas raiana da Beira e do Alentejo);

– Estreita articulação entre a vida quotidiana e a vida política ("politicidade da vida quotidiana") – transposição ou transcrição das relações informais de poder no nível político (compadrio, nepotismo, caciquismo).

---

13 Outono de 1998.

Se alguns dos traços descritos poderiam ser utilizados como linhas políticas dos dias de hoje, outros dificilmente poderiam ser incorporados num projeto político atual. Ouvir a história não é, por isso, um meio seguro de se inspirar na política. Mas pode ser um bom meio de evitar argumentos míticos ou trapalhões.

Bibliografia

COSTA, Pietro, *Lo Stato immaginario. Metafore e paradigmi nella cultura giuridica fra Ottocento y Novecento*. Milano: Giuffrè, 1986.

GEERTZ, Clifford (ed.). *Old societies and new States*. New York, 1963.

_____. *Le savoir local, savoir global. Les lieux du savoir*. Paris: PUF., 1986.

HESPANHA, António Manuel. "Savants et rustiques. La violence douce de la raison juridique". In: *Ius commune*, 10 (1983), Frankfurt-Main, p. 1-48.

_____. *Poder e instituições na Europa do Antigo Regime*. Lisboa 1984, prefácio (89 p.) e seleção de textos.

_____. "A história das instituições e a 'morte do Estado'". In: *Anuario de filosofia del derecho*. Madrid, 1986, p. 191-227.

_____. "A consolidação da ordem estatalista (1851-1910)" (de colaboração com J.-M. Scholz). In: REIS, António (coord.). *Portugal contemporâneo*. Lisboa: Ed. Alfa, 1988. II, p. 101-110.

_____. "Justiça e administração entre o Antigo Regime e a Revolução". In: *Hispania. Entre derechos proprios y derechos nacionales. Atti dell'incontro di studi*. Milano: Giuffrè, 1990.

_____. "Da 'iustitia' à 'disciplina'. Textos, poder e política penal no Antigo Regime". In: *Anuario de história del derecho español*.

CALEIDOSCÓPIO DO ANTIGO REGIME 127

Madrid, 1988; versão portuguesa, em *Estudos em homenagem do Prof. Eduardo Correia*, Faculdade de Direito de Coimbra; versão francesa, "Le projet de Code pénal portugais de 1786. Un essai d'analyse structurelle", em La Leopoldina. *Le poltiche criminali nel XVIII secolo*, vol. 11. Milano: Giuffrè, 1990, p. 387-447.

_____. "O poder, o direito e a justiça numa era de perplexidades". In: *Administração. Revista da administração pública de Macau*, 15 (1992), p. 7-21 (também em A. M. Hespanha, *La gracia del derecho*).

_____. "Pré-compréhension et savoir historique. La crise du modèle étatiste et les nouveaux contours de l'histoire du pouvoir". In: PETERSON, Claus (ed.). *Juristische Theoriebildung und rechtliche Einheit. Beiträge zu einem rechtshistorischen Seminar in Stockholm im September 1992 (= Rättshistoriska Studier*, serien II, Nittonde Bandet). Lund: Bloms Boktryckeri, 1993, p. 49-68.

_____. *Lei, justiça, litigiosidade. História e prospectiva*. Lisboa: Gulbenkian, 1993.

_____. *La gracia del derecho*. Madrid: Centro de Estudios Constitucionales, 1993.

_____ & XAVIER, Ângela Barreto. "A representação da sociedad y do poder". In: A. M. Hespanha (ed.). *O Antigo Regime (1620-1810)*, volume IV de *Historia de Portugal*, dirigida por José Mattoso. Lisboa: Círculo dos Leitores, 1993, p. 121-156.

_____. *História de Portugal Moderno. Político-institucional*. Lisboa: Universidade Aberta, 1995.

_____. "La senda amorosa del derecho. *Amor* e *iustitia* en el discuso jurídico moderno". In: PETIT, Carlos (ed.). *Pasiones del jurista*.

Amor, memoria, melancolia, imaginación. Madrid: Centro de Estudios Constitucionales, 1997.

_____. *Panorama da história da cultura jurídica europeia*. Lisboa: Europa-América, 1996 (eds. chinesa, Pequim, italiana [Il Mulino, Bolonha] e espanhola [Tecnos, Madrid] em preparação).

PETIT, Carlos (org.). *Amor, memoria, melancolia, imaginación*. Madrid: Centro de Estudios Constitucionales, 1997; agora, em trad. port., *Paixões do jurista. Amor, memória, melancolia, imaginação*. Curitiba: Juruá, 2011.

O direito penal da
Monarquia Corporativa

Disciplina e punição

O DIREITO PENAL DAS MONARQUIAS CORPORATIVAS correspondia à estrutura do sistema político que as enquadrava.

Por um lado, no sentido que, também no domínio da repressão dos comportamentos, se sobrepunham diversos sistemas punitivos – desde o doméstico, o comunitário, o eclesiástico, uma multiplicidade de ordens corporativas – entre as quais, a acadêmica, de que se conservaram vestígios quase até à atualidade, como a polícia e as cadeias universitárias, até às praxes acadêmicas que, em universidades antigas como a de Coimbra, se sujeitavam estudantes e professores, ainda na segunda metade do século XX. Mais visível hoje, mas não necessariamente mais efetiva então, a ordem penal da monarquia. Assim, direito penal oficial não é o único meio com que a sociedade procurava disciplinar as condutas desviantes. Pelo contrário, ela fazia-o por meio de múltiplos mecanismos, desde a ameaça de punições extraterrenas ao escárnio e à troça da comunidade, passando pelos mecanismos muito efetivos da disciplina doméstica. Na sociedade de Antigo Regime, a função da repressão penal era, por isso, ainda mais nitidamente do que hoje, subsidiária de mecanismos quotidianos e periféricos de controle. Isto explicará o caráter pouco efetivo da punição penal, a que nos referiremos adiante.

Por outro lado, sobre o imperativo da justiça pairavam os imperativos da misericórdia e da graça, que pertenciam também à deontologia de reinar.

Por fim, deve ser sublinhado que, justamente em função desta sua falta de efetividade, o direito penal, sobretudo no Antigo Regime, desempenhava não tanto uma função de disciplina efetiva da sociedade, mas sobretudo de afirmação enfática – consagrada em normas explícitas, apoiada por aparelhos organizados de constrangimento, embebida em liturgias e espetáculos públicos – de um conjunto de valores sociais a defender pelo poder. Daí que tenha sentido encarar as normas penais como manifestações de um sistema axiológico subjacente, que o poder implicitamente prometia/ameaçava impor, como condição mínima da convivência social. Através do direito penal, podemos, então, surpreender aquilo que a coroa (exprimindo pontos de vista culturais mais gerais) entendia serem os valores indispensáveis da convivência, em termos tais que a sua defesa devia ser assumida pelo poder real. Na prática, porém, o grau de realização desta garantia mínima acabava por ser muito baixo. Pelo que o direito penal desempenhava, afinal uma função muito mais simbólica do que disciplinar.

O sistema axiológico do direito penal da Monarquia

O crime, em si, não existe. Ele é produzido por uma prática social de censura, discriminação e de marginalização, prática mutável e obedecendo a uma lógica social muito complexa. Sobre os

CALEIDOSCÓPIO DO ANTIGO REGIME 133

resultados desta primeira atividade de constituição dos "objetos pu-
níveis" projeta-se uma segunda grelha de classificação, esta jurídica,
produzida pelo discurso do diireito penal. Este redefine os "crimes
vividos", construindo novos conceitos ("tipos penais"), organizando
e inter-relacionando estes últimos em grandes categorias, referidas a
certos valores (religião, vida, segurança, propriedade).

Num outro artigo[1] – depois republicado como capítulo de um
livro[2] – fizêmos uma descrição sumária desses valores, relacionando-
os com os tipos penais que protegiam cada um deles.

A constelação dos valores religiosos, protegida pela série de crimes
com que abre o Livro V das *Ord. fil.* – apostasia, renegação, heresia, cis-
ma, disputa de matérias religiosas, blasfêmia, desrespeito do Santíssimo
Sacramento ou dos Santos, feitiçaria, bigamia, falsidade em assuntos religiosos, detenção de livros proibidos, perjúrio (tit. XXIV).

Seguiam-se os valores ligados à sexualidade "natural" – um núcleo quase sacral das relações inter-humanas, ligado a finalidades
de crescimento e multiplicação da espécie que Deus explicitara no
próprio momento da criação, cuja contravenção era punida pelo o
adultério, o estupro e os crimes "contra a natureza" (sodomia, bestia-
lidade, masturbação). E, terminando um primeiro grande grupo em
que os valores ofendidos são dominados por uma referência ao bem –
espiritual ou temporal – da comunidade no seu todo, agrupam-se os
crimes em que era punida a violação de valores trans-individuais – a
lesa majestade e as diversas formas de violência pública (*vis publica*).
Seguiam-se os valores ligados à integridade física, moral e patrimonial das pessoas – a honra, o corpo, a verdade, o patrimônio.

---

1   "Da 'iustitia' à 'disciplina'. Textos, poder e política penal no Antigo Regime",
     Anuario de história del derecho español. Madrid, 1988; versão portuguesa, *Estudos
     em homenagem do Prof. Eduardo Correia*. Coimbra, Faculdade de Direito de
     Coimbra, 1989.

2   *O direito dos letrados*. Florianópolis: Fundação Boiteux, 2006.

A prática da punição

O sistema penal da monarquia corporativa caracterizava-se por uma estratégia correspondente à própria natureza política desta. Ou seja, se, no plano político, o poder real se confronta com uma pluralidade de poderes periféricos, frente aos quais se assume sobretudo como um árbitro, em nome de uma hegemonia apenas simbólica, também no domínio da punição, a estratégia da coroa não está voltada para uma intervenção punitiva quotidiana e efetiva.

De fato, a função político-social determinante do direito penal real não parece ser, na sociedade "sem Estado" dos séculos XVI e XVII, a de realizar, por si mesmo, uma disciplina social. Para isso lhe falta tudo – os meios institucionais, os meios humanos, o domínio efetivo do espaço e, por fim, o domínio do próprio aparelho de justiça, expropriado ou pelo "comunitarismo" das justiças populares ou pelo "corporativismo" dos juristas letrados. A função da punição parece ser, em contrapartida, a de afirmar, também aqui, o sumo poder do rei como dispensador, tanto da justiça como da graça.

É nesta perspetiva que, a meu ver, deve ser lido o direito penal da coroa. Feita esta leitura, não deixaremos de convir que, em termos de normação e punição efetiva, o direito penal se caracteriza, mais do que por uma presença, por uma ausência. Vejamos como e por que.

Comecemos por aspetos ligados à efetivação *positiva*, por assim dizer, da órdem real.

Com esta se relaciona, desde logo, a questão da capacidade que os juristas têm, no sistema do *ius commune*, de estabelecer autonomamente o direito. No entanto, como esta questão nos irá sobretudo interessar num ulterior momento, deixemo-la por agora. Fixemonos, para já, no grau de aplicação prática da ordem penal legal.

CALEIDOSCÓPIO DO ANTIGO REGIME 135

Os dispositivos de efetivação da ordem penal, tal como vinha na lei, careciam de eficiência. Primeiro, pela multiplicidade de jurisdições,[3] origem de conflitos de competência – descritos por muitas fontes como intermináveis –, que dilatavam os processos e favoreciam fugas de castigo. Depois, pelas delongas processuais – de que todas as fontes nos dão conta[4] –, combinadas com o regime generoso de "livramento" dos arguidos. Finalmente – e é este o tema que, agora, nos passa a interessar –, pelos condicionalismos de aplicação das penas.

Condicionalismos de dois tipos. De natureza política, isto é, relacionados com o modo como a política penal da coroa se integrava numa política mais global de disciplina régia; ou de natureza prática, relacionada com as limitações dos meios institucionais, logísticos e humanos na disponibilidade da coroa. Comecemos por estes últimos e, no final, concluiremos com os primeiros.

Tomemos para exemplo a pena de degredo. Quando aplicada para o ultramar, ela obrigava a espera, por vezes durante meses ou anos, de barcos para o local do exílio;[5] o réu ficava preso à ordem da justiça, nas

---

3 Cf. A. M. Hespanha, *As vésperas do Leviathan. Instituições e poder político (Portugal, séc. XVIII)*. Coimbra: Almedina, 1994, 682 p. (reedição remodelada da edição espanhola [Madrid: Taurus] de 1990).

4 O tema das "delongas processuais necessita de estudos empíricos. Uma fonte adiante utilizada – *Lembrança de todos os criminosos* [...], onde está registada a duração da prisão antes de julgamento nos cárceres da Casa da Suplicação, fornece testemunhos contraditórios: ao lado de presos com vários anos de cárcere, há outros que tinham os seus processos conclusos para julgamento ao fim de dois ou três meses. O preâmbulo do alvará de 31.3.1612 (*Col. Legisl. Extravagante* [...], I, 442 ss.) refere as deficiências da aplicação da justiça, mesmo na capital: falta de estruturas de vigilância e controle da ordem pública, as "inumeráveis industrias e subterfúgios" com que se podia iludir o castigo ou adiar a sua execução e a demora dos processos (nomeadamente, no caso de réus pobres, os escrivães não tinham interesse em realizar atos de que sabiam não ir ser pagos; o mesmo acontecia naqueles processos onde não havia acusação de parte).

5 Isto levou a que se determinasse que o lugar do degredo fosse fixado genericamente ("para Angola", "para o Brasil"), embora conheça decisões de degredo

cadeias dos tribunais de apelação, tentando um eventual livramento, aquando das visitas do Regedor da Justiça. De qualquer modo, uma vez executada a deportação, faltavam os meios de controle que impedissem a fuga do degredado do lugar para onde tinha sido mandado.

As mesmas dificuldades existiam nas medidas, preventivas ou penais, que exigissem meios logísticos de que a administração da justiça carecia. Era o que se passava com a prisão – de resto, raramente aplicada como pena –, que obrigava à existência de cárceres seguros, à organização de operações onerosas de transporte de presos (as odiadas *levas de presos*), à disponibilidade de meios de sustento dos detidos, embora parte deste sustento corresse à conta destes ou de instituições de caridade. As únicas penas facilmente executáveis eram as de aplicação momentânea, como os açoites, o cortamento de membro ou a morte natural. Mas como veremos de seguida, mesmo estas parece terem sido, por razões diferentes, raramente aplicadas.

Vejamos agora o que acontecia com a mais visível das penas – a pena de morte natural, prevista pelas *Ordenações* para um elevado número de casos, em todos os grandes tipos penais, salvo, porventura, nos crimes de dano.[6] Prevista tantas vezes que, nos fins do século XVIII, se conta que Frederico o Grande, da Prússia, ao ler o livro V das *Ordenações*, teria perguntado se, em Portugal, ainda havia gente viva (a prática da masturbação era punida com a morte...).[7] Na prática, todavia, os dados disponíveis parecem aconselhar uma opinião bem diferente da mais usual quanto ao rigorismo do sistema penal.

"para Bissau", "para Cacheu", "para a ilha do Príncipe", "para o Maranhão".

6   Ver os casos de aplicação de pena de morte ao período das Ordenações, Eduardo Correia, "Estudo sobre a evolução das penas no direito português". *Bol. Fac. Dir. Coimbra*, (53), 1977.

7   Embora, no séc. XVIII, a Inquisição, para onde estes criminosos eram remetidos pelos juízos seculares, se contentassem, sensatamente, com umas brandas penas espirituais.

CALEIDOSCÓPIO DO ANTIGO REGIME   137

Na verdade, a pena de morte natural era, em termos estatísticos, muito pouco aplicada em Portugal.

Como não existem estudos empíricos sobre os modelos de punição, nem sequer ao nível dos tribunais da corte – por onde todos os crimes com penas superiores às de açoites tinham que passar, em apelação "por parte da justiça"[8] – temos que nos socorrer de estudos dispersos e menos sistemáticos.

Comecemos por uma fonte – uma relação dos presos da cadeia de Lisboa, entre 1694 e 1696, a que nos referiremos mais detidamente nos parágrafos seguintes – que nos faculta dados relativos às medidas penais aplicadas a cerca de trezentos criminosos (em geral, grandes criminosos). Trata-se de uma lista dos 454 presos que se encontravam na cadeia da cidade de Lisboa, presentes ao Regedor das Justiças, aquando das visitas que regimentalmente devia fazer à cadeia da corte.[9] A lista terá sido feita em 1694, conforme se lê no rosto de ambos os tomos; mas tem acrescentos de outra mão, reportados a datas posteriores, até 1696. Em relação a cada réu, regista-se, em geral, o nome, o crime de que vinha acusado, o lugar do crime, o tempo de prisão já cumprido, o estado da causa, o seu destino final e o nome do escrivão do processo. Há casos em que algum destes dados falta. Com indicação do crime e da decisão final há 294 casos.

---

8   A lei previa a apelação oficiosa nos casos de "querela" (*Ord. Fil.*, V, 122, pr.; cf. ainda *ibidem*, V, 117, pr.), ou seja, naqueles em que a pena prevista era superior à de açoites).

9   Cf. *Ord. Fil.*, I,1,30 (visitas mensais, na última sexta feira ou sábado de cada mês). Ver também a Reforma da Justiça de 1612, § 9, e o Alv. De 31.3.1642, §§ 5-10. Da doutrina, v. Manuel Alvares Pegas, *Comentaria ad Ordinationes [...]*, 1669 ss., ad Ord. Fil., I, 1, 30; João Martins da Costa, *Domus Supplicationis curiae Lusitaniae stylique [...]*, Ulyssipone, 1622 (ed. cons., Civitas Virginis, 1745), ad 2, nº 42; Manuel Mendes de Castro, *Practica Lusitana*, Conimbricae, 1619, l. V, nº 31; Pascoal de Melo, *Institutiones iuris civilis Lusitanis*, Conimbricae, 1789, XII, § 11.

A esta lista se referem os Quadro I e os Gráficos I a III. Por aí se vê que a pena capital apenas foi usada em três casos, todos de homicídio (um de homicídio do marido pela mulher, do carcereiro por um preso e de "um rapaz"). Mas escaparam com outras penas (nomeadamente, de degredo): um "renegado e traidor", um "falsificador de moeda, um salteador de estradas, quase todos os homicídios simples (que eram 66, dos quais 57 condenados), todos os condenados como "ladrões" (57 condenados, em 112 casos), os adúlteros (3 condenados, em 7 casos), os sodomitas (1), os raptores (3, em 4), os violadores (1), os incriminados por masturbação (2, em 6), etc. (ver Quadro I). O Gráfico III recorre a uma análise estatística mais elaborada – a análise fatorial de correspondências – que apresentada, com base nos dados relativos ao universo estudado, as proximidades e distâncias reveladas no seio do conjunto de crimes cometidos e tratamento penal aplicado a cada um.

No gráfico, os pontos correspondentes às penas estão marcados com uma cruz e os correspondentes aos tipos penais com um quadrado, num caso e noutro de tamanho proporcional ao número de casos em que ocorriam.

O gráfico documenta:

a) uma grande proximidade do tratamento penal – tendendo para o degredo ou para o livramento – dos crimes de adultério, falso ou injúria;

b) uma grande tendência para o livramento nos crimes sexuais e de polícia;

c) um tratamento multifacetado do furto (cujo ponto se encontra muito perto do ponto de origem do gráfico);

d) uma tendência forte para tratar o homicídio (e a lesa-majestade) com a pena de degredo;

CALEIDOSCÓPIO DO ANTIGO REGIME   139

e) a oposição das penas de morte e de degredo, por um lado, e, por outro, do livramento, cada qual no extremo de uma escala penal que, de acordo com o gráfico, se poderia ordenar da seguinte forma: morte, degredo, galés e desterro (que, todavia, se opõem no eixo secundário) e livramento.

O caráter dos dados e a dimensão da amostra não permitem, no entanto, detalhar mais a análise.

A fonte tratada é, decerto, de uma fonte situada num momento preciso do tempo, embora com um número significativo de casos. Mas outros testemunhos apontam no mesmo sentido de uma aplicação efetiva rara da pena de morte.[10]

Com base nesta amostra não se pode, evidentemente, ir muito mas longe num estudo estatístico sobre a criminalidade e o seu tratamento penal, não apenas pela exiguidade do número de casos, como, principalmente, pelo caráter muito pouco representativo da amostra, relativo a um curto espaço de tempo e apenas aos detidos numa cadeia, embora das principais. Mas pode arriscar-se uma ideia do modelo de punição adotado no tribunal da corte.

Os traços deste modelo seriam os seguintes:

Em primeiro lugar. Praticamente todos os detidos, ou eram soltos (48% do total), ou enviados para degredo, no ultramar (42% do total) ou no Reino e Norte de África (6% do total). As razões

---

10 Por exemplo. As *Ord.* punem a bigamia com a morte (l. V, Tit. 19); no entanto, uma fonte dos finais do século XVIII informa que "hoje, entre nós esta pena raramente se pode praticar, pois os Inquisidores da depravação herética, que conhecem deste crime pelo direito de prevenção [pois se tratava de um delito de misto foro], punem os réus com penas de açoites, de desterro temporário e, por vezes, com penas de galés [*Repertorio das ordenações e leis do reino de Portugal*, Coimbra, Na Real Imprensa da Universidade, 1795, v. "Pena de morte", IV, 27(a)]. A mesma fonte, [(I, 443(d)] refere que um réu condenado à morte natural na primeira instância por tomar pela força os bens do devedor viu, em embargos, essa pena comutada em morte civil (degredo).

do livramento – por absolvição, por perdão ou por fiança – não se conhecem. Algumas vezes, parece que seria por falta de culpas, mas em muitos casos as expressões usadas para descrever o estado da causa deixa supor que se tratava antes de livramento ou por fiança ou por perdão. Nestes últimos casos, não deixaria de ter sido tido em conta o fato de os arguidos já haverem sofrido um – por vezes longo, mas sempre duro (há quatorze mortes na prisão) – período de cativeiro.

Em segundo lugar, no que respeita às penas. A pena de morte foi rarissimamente aplicada (três casos de homicídio, correspondente a 1% do número de presos e a 2% das condenações). Embora a lista abunde (38%) em crimes a que corresponderia forçosamente a pena capital (lesa-majestade, violência, feitiçaria, homicídio, moeda falsa, estupro, violação); contendo ainda muitos casos de furto (38%, alguns dos quais de objetos descritos como valiosos), a que também podia competir a pena de morte. Os açoites são aplicados em três casos (arrombamento, dois furtos), sempre combinados com o degredo ou galés. A condenação às galés aparece em cinco casos (dois arrombamentos, um furto, um homicídio e um caso de sodomia). A incorporação no exército, num caso (assalto a quintas).

Finalmente, pelo que respeita à prisão como meio punitivo arbitrário. Encontram-se não poucos casos de indivíduos detidos à ordem de uma qualquer entidade (rei, um desembargador, um corregedor, outros juízes), sem qualquer acusação precisa ("não se sabe porquê") ou por atos que, normalmente, não dariam lugar a qualquer punição. Como o adultério ou os maus tratos à esposa. Teriam sido apanhados nas devassas do estilo sobre "pecados públicos"; em geral, acabaram por ser libertados; mas, entretanto, a prisão funcionou como uma pena arbitrária, no sentido atual ou no da época.

Quadro I

Crimes, condenações e livramentos dos presos da cadeia da Casa da Suplicação (1694 a 1696)

	Morte	Galés	Tot.	Índia	África	Brasil	Desterro	Incorp. na tropa	Solto	Total
				Degredo						
Lesa majestade			1		(1)					1
Violência	2	6	(3)	(1)	(2)	1	1		11	21
Rapto			(3)	(1)	(1)	(1)	(1)		(1)	(5)
Resistência			(2)	(1)		(1)	(1)		(6)	(9)
Outros		(2)	(1)	(1)			(1)	1	(4)	(9)
Feitiçaria									2	2
Homicídio	3	1	47	(16)	(22)	(9)	6		9	66
Injúrias corporais			6	(1)	(3)	(2)	4		20	30
Crimes sexuais		1	4	(1)	(2)	(1)			20	25
Estupro			(1)	(1)					(13)	(14)
Sodomia		(1)								(1)
Masturbação			(2)		(1)	(1)			6	(8)
Outros			(1)		(1)				(1)	(2)
Adultério			2	(2)			1		4	7
Furto		1	52	(20)	(26)	(6)	3		55	111
Falsificações			4				3		14	21
De documentos			(4)				(2)		(8)	(14)
Contrabando									(2)	(2)
Crimes de oficiais									(3)	(3)
Outros							(1)		(1)	(2)
Crimes "de polícia"					1	1			8	10
Armas proibidas				(1)	(1)				(6)	0
Outras									(2)	0
Totais	**3**	**5**	**124**	**(47)**	**(56)**	**(21)**	**18**	**1**	**143**	**294**

Gráfico I. Crimes cometidos pelos presos na cadeia da Relação de Lisboa (1694-1696)

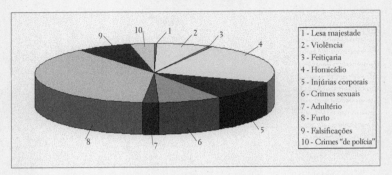

Gráfico II. Destino dos presos da Relação de Lisboa (1694-1696)

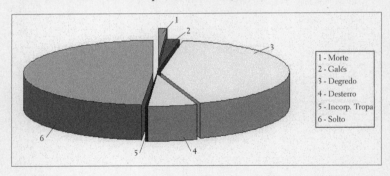

Gráfico III. Tipos penais e penas aplicadas
(*scattergram* incorporando as dimensões dos grupos de tipos penais
e a punição efetivamente aplicada)

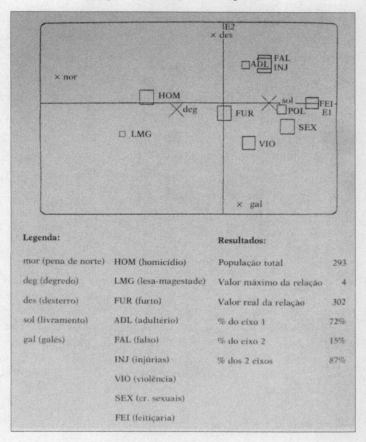

A aplicação efetiva da pena capital

É ilustrativo tentar completar esta perspetiva reportada a um momento determinado com uma outra, esta diacrônica, relativa à execução da pena de morte durante cerca de dois séculos.

144 ANTÓNIO MANUEL HESPANHA

Recorremos, para isso, às listagens das condenações à morte, sobretudo àquela que foi feita, no século XIX, pelo penalista da Faculdade de Direito de Coimbra Henriques Secco,[11] completada pelos poucos casos referidos na literatura especializada e que o lente de Coimbra não computou. Não se trata, decerto, de uma lista cuja exaustividade esteja garantida. Mas, para o Sul do país e para o período que medeia entre 1693 e 1754, ela deve conter poucos lapsos, pois se baseia no rol dos condenados constantes dos cadernos dos padres que os acompanhavam ao lugar do suplício, em Lisboa. Sendo certo que, como veremos, os tribunais da corte eram as instâncias de recurso obrigatório para todas as justiças do centro-sul do reino, nestes casos.

O resultado desta outra análise é dada nos seguintes Quadro II e Gráficos IV a VII.[12]

---

11 V. António Luiz de Sousa Henriques Secco, *Memorias do tempo passado e presente*. Coimbra, 1880, p. 227-626; cf. também Antônio Braz de Oliveira, "As execuções capitais em Portugal num curioso manuscrito de 1843", em *Revista da Biblioteca Nacional*, I (1982), p. 109-127 que, em todo o caso, não teve em conta os dados de Henriques Seco; além dos casos aqui listados, consideramos ainda os referidos por Melchior Phaebus, *Decisiones Senatus Regni Lusitaniae*, Ulysipone, 1619, Arresto 151, p. 159; Manuel Barbosa, *Remissiones doctorum [...]*, Olyssiopone, 1618 (ed. cons. Conimbricae, 1730), ad V, 18, n° 10, p. 298; Feliciano da Cunha França, *Additiones aureaeque illustrationes [...] ad Emmanuelis Mendes de Castro*, Lisbonae, 1765, ad p. I, l. V, c. 2, n° 474, p. 384; *Repertorio [...]*, I, 442 (a); e ainda as referidas na *Lembrança de todos os criminosos [...]*, I, 23 v.; I, 29; I, 36 v.

12 Não está, naturalmente, garantido que não existam outras condenações capitais, para além das que aparecem nestas listas. Em todo o caso, a coincidência fundamental de todas elas aponta para uma listagem exaustiva destes casos, que a memória coletiva retinha, até – trazendo para a argumentação aquilo que, na verdade, é parte da conclusão a que quero chegar ... – pelo seu caráter inabitual. Note-se que, por disposição das *Ord.* (v. V, 19, 1; V, 25, pr.; V, 35, 1; V, 137, 1) ou pelo funcionamento da apelação *de officio*, todos as condenações à morte eram aplicadas nos tribunais centrais de justiça (Casa da Suplicação, Casa do Cível, Relações do Ultramar).

Quadro II

Distribuição das condenações à morte por tipos penais e períodos cronológicos (1601-1800)

Anos	Ordem política				Religião e Moral			Vida				Honra	Patrimón.	Totais
	Total	Traição/sedição	Falso	Violência	Total	Relig.	Moral	Total	Homicíd. Simples	Coniugicídio	Homic agrav.			
1601-1610	0				1	1		0						1
1611-1620	0				2	0	2	1		1				3
1621~1630	0				3	3		0						3
1631-1640	1		1		1	1		0						2
1641-1650	14	13	1		0	0		5			5			19
1651-1660	2	1	1		0	0		0						2
1661-1670	0				1	1		1			1			2
1671-1680	8	7		1	1	1		0						9
1681-1690	0			1	0	0		3		2	1			3
1691-1700	6	1	4	3	4	1	3	53	18	8	27		7	70
1701-1710	7	4		3	3	2	1	30	9	6	15	1	1	42
1711-1720	4		1	5	1	0	1	34	15	3	16		4	43
1721-1730	5			9	4	4		15	6	1	8		2	26
1731-1740	9			12	6	3	3	27	5	6	16		6	48
1741-1750	19	5	2	1	14	13	1	18	4	3	11	1	7	59
1751-1760	41	33	7	6	7	7		8	3		5		8	64
1761-1770	48	34	8		1	0	1	0					6	55
1771-1780	2	2			1	1		6		1	5			9
1781-1790	15	15		8	9	9		7		2	5			31
1791-1800	9	1			0	0		0						9
1601-1800	190	116	25	49	59	47	12	208	60	33	115	2	41	500

Gráfico IV. Grandes tipos penais em que a pena capital é executada (1601-1800)

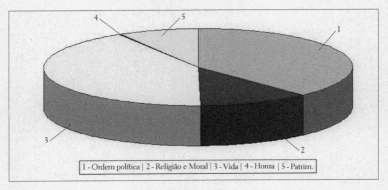

1 - Ordem política | 2 - Religião e Moral | 3 - Vida | 4 - Honra | 5 - Patrim.

Gráfico V. Distribuição das execuções capitais por década

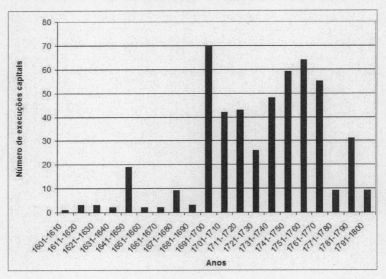

Gráfico VI. Distribuição das execuções capitais por década e por grandes grupos de tipos penais

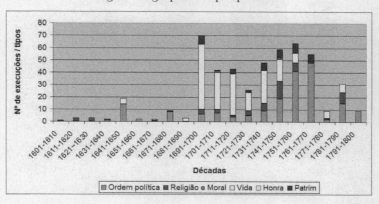

Gráfico VII. Tipos penais e punição efetiva à morte (*scattergram* incorporando as dimensões dos grupos de tipos penais punidos efetivamente com a pena capital e a década em que a punição ocorreu)

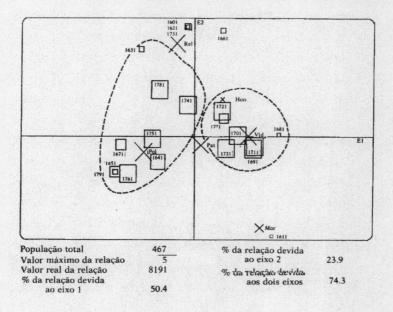

População total	467	% da relação devida ao eixo 2	23.9
Valor máximo da relação	5		
Valor real da relação	8191	% da relação devida aos dois eixos	74.3
% da relação devida ao eixo 1	50.4		

Deste conjunto de Tabela e Gráficos resulta o seguinte:

a) Entre 1601 e 1800, uns anos pelos outros, foram levadas a cabo em Portugal (no Sul da metrópole, mais exatamente) cerca de duas execuções capitais por ano;

b) Se a fonte tivesse sempre a mesma fiabilidade – e pensamos que há que distinguir, apesar de tudo, a este respeito, o período de 1601 a 1692 do que decorre entre 1693 e 1800 – teríamos que opor um século XVII relativamente pouco cruel (c. de uma condenação capital por ano) a um século XVIII que aplicou, quase até ao seu termo (a tal fase "humanitarista") a pela última com maior frequência (c. de quatro vezes em cada ano);

c) Não insistindo demasiado neste aspeto, notemos a distribuição das condenações por grandes tipos penais (Gráfico V): cerca de 50% das condenações correspondem a uma política de salvaguarda de bens "públicos" (crimes políticos, crimes religiosos, crimes de costumes). A restante metade corresponde à salvaguarda de bens "privados" – a vida, a honra, o patrimônio. Mas o que é ainda mais esclarecedor é verificar a evolução deste equilíbrio ao longo dos anos (Gráfico VI). Os dados disponíveis, sobretudo para os anos de que temos mais e melhor informação, apontam claramente para um decréscimo progressivo da punição capital das ofensas aos valores "privados" ao longo de toda a primeira metade do século. XVIII e para um correspondente acréscimo da punição capital dos atentados aos valores "públicos", nomeadamente políticos – salvaguarda da ordem política e da ordem pública –, decréscimo que caracteristicamente se acentua com o governo despótico-iluminista do Marquês de Pombal;

d) O Gráfico VII – que representa a projeção das várias décadas e dos grandes tipos de crime num espaço cartesiano, de acordo com a técnica da análise multifatorial (análise de

CALEIDOSCÓPIO DO ANTIGO REGIME 149

correspondências) – oferece, a este propósito, resultados muito impressivos. O espaço aparece organizado segundo dois eixos de polarização. No primeiro eixo – aquele que explica numa percentagem mais elevada (51%) a distribuição dos pontos – pode dizer-se que se opõe a criminalidade política (Pol), cujo ponto (representado por uma cruz), se situa à esquerda, da criminalidade contra os valores particulares (vida [Vid], património [Pat] e honra [Hon]), cujos pontos – representados também por cruzes – se situam, próximos uns dos outros, à direita. No segundo eixo, de muito menor poder explicativo (23%), opõe-se a punição dos crimes religiosos e a dos crimes morais. É neste jogo de tensões que se distribuem os pontos (representados por quadrados) correspondentes às décadas (a legenda refere-se ao primeiro ano de cada década). A situação de cada uma delas no gráfico caracteriza, assim, por um lado, a proximidade/oposição entre elas, do ponto de vista das modelos de aplicação da pena capital; e, por outro lado, a proximidade relativamente aos critérios axiológicos que esturram o campo. Assim, todas as décadas se 1631 a 1660 (1661 a 1670 tem um comportamento atípico), bem como as de 1741 a 1800 aparecem com uma matriz idêntica de aplicação da pena capital, organizada em torno da punição de valores políticos; afinal, diríamos, é a época dos solavancos políticos da Restauração e da política de disciplina social do despotismo esclarecido, que teve que reprimir, não apenas atentados contra o sumo poder, mas ainda sedições, tumultos e bandoleirismo, todos perturbadores da ordem pública. Em contrapartida, de 1681 a 1700, a punição capital incide sobre valores "privados": trata-se de um período de acalmia que decorre entre o fim da Guerra da Restauração e a consolidação da dinastia brigantina, até à renovação das relações Estado/ Sociedade do período pombalino.

Como conclusão final, creio que é legítimo afirmar que, pelo menos comparativamente com as previsões da lei, a pena de morte é muito pouco aplicada durante o Antigo Regime. E, de fato, um autor que escrevia já nos inícios do século XIX referia que em Portugal se passava "ano e mais" sem se executar a pena capital.[13]

A economia da Graça e a punição

Esta não correspondência entre o que estava estabelecido na lei e os estilos dos tribunais não deixou de ser notado pelos juristas. Conhecem-se tentativas de, por via da interpretação doutrinal, pôr o direito de acordo com os fatos. Uma delas foi através da interpretação da expressão "morra por ele", utilizada nas *Ordenações*, jogando com o facto de que, para a teoria do direito comum, a morte podia ser «natural» e «civil» e que esta última correspondia ao degredo por mais de dez anos.[14] Já Manuel Barbosa entendia que tal expressão correspondia a exílio (perpétuo).[15] A mesma era a opinião de Domingos Antunes Portugal – "regularmente, onde quer que a lei fale de pena capital, não se entende morte natural mas degredo".[16] Ainda no século XVIII, esta opinião fazia curso, agora fundada numa opinião do desembargador

---

13 Francisco Freire de Melo, *Discurso sobre os delictos e as penas e qual foi a sua proporção nas differentes epocas da nossa jurisprudência*. Londres, 1816, p. 50. Outra fonte (D. Luís da Cunha, *Testamento político* [...]. Lisboa, 1820, p. 27) refere que era ponto de honra dos mordomos da misericórdia que "no seu ano fosse inútil a forca", "piedade" que o autor censura, antecipando uma sensibilidade típica das ideias de disciplina do despotismo esclarecido.

14 Melchior Phaebus, *Decisiones* [...], *op. cit.*, dec. 156, ns. 5-10.

15 Manuel Barbosa, *Remissiones doctorum* [...], ad Ord. v. 18,3, n, 10 [p. 298].

16 Domingos Antunes Portugal, *Tractatus donationibus regiis* [...], Ulysipone, 1673, 1,2, C. 25, n° 53/5.

Manuel Lopes de Oliveira, que distinguia entre os casos em que a lei utilizava a expressão "morra por ele" ou pena de morte, sem outro qualificativo – que corresponderiam à pena de morte civil – e "morte natural" – que corresponderia à morte física. Com base nisto; este autor apelidava os juízes que aplicavam indistintamente a pena de morte natural como "práticos ignorantes" *(imperiti pragmatici)* e "carniceiros monstruosos" *(immanissini camifices)*. Os argumentos do desembargador eram débeis e a sua opinião, apesar de ter reunido alguns sufrágios (nomeadamente de Paulo Rebelo, num *Tractatus iure naturali* manuscrito) e de ser cotada de "a mais pia", não chegou a triunfar.[17] Mas não deixa de ser curioso que, na polêmica gerada por esta opinião, ninguém tenha acusado o desembargador de laxismo ou a sua opinião de perigosa para a ordem social. Na verdade, o que ele tentava fazer era justificar com argumentos legais uma prática geral, por outros menos provocatoriamente fundada no poder arbitrário do juiz de adequar a pena às circunstâncias do delito e do delinquente. Esta diversidade de justificação não era, em si mesma, de pouca monta. Pois, como diremos, o segredo da eficácia do sistema penal do Antigo Regime estava justamente nesta "inconsequência" de *ameaçar sem cumprir.* De se fazer *temer,* ameaçando; de se fazer *amar,* não cumprindo. Ora, para que este duplo efeito se produza, é preciso que a ameaça se mantenha e que a sua não concretização resulte da apreciação concreta e particular de cada caso, da benevolência e compaixão suscitadas ao aplicar a norma geral a uma pessoa em particular. Por isso, qualquer solução que abolisse em *geral* a pena de morte – *v. g.,* por meio de uma interpretação genérica dos termos da lei – comprometia esta estratégia dual de intervenção do direito penal da coroa. Juízes havia, no

---

17 Sobre esta discussão, com exposição e crítica dos diferentes argumentos, ver *Repertório às Ordenações, maxime,* IV, 40(a) e I, 434(b).

entanto, que se gabavam de, em toda a vida, nunca terem ordenado ninguém à morte, antes terem dela livrado muitos réus.[18]

Pelo seu pitoresco, merece a pena transcrever o seguinte registo[19] a seguinte decisão: .

> Padre Francisco da Costa, prior de Trancoso, de idade de sessenta e dois anos, será degredado de suas ordens e arrastado pelas ruas públicas nos rabos dos cavalos, esquartejado o seu corpo e postos os quartos, cabeça e mãos em diferentes distritos, pelo crime que foi arguido e que ele mesmo não contrariou, sendo acusado de ter dormido com vinte e nove afilhadas e tendo delas noventa e sete filhas e trinta e sete filhos; de cinco irmãs teve dezoito filhas; de nove comadres trinta e oito filhos e dezoito filhas; de sete amas teve vinte e nove filhos e cinco filhas; de duas escravas teve vinte e um filhos e sete filhas; dormiu com uma tia, chamada Ana da Cunha, de quem teve três filhas, da própria mãe teve dois filhos. Total: duzentos e noventa e nove filhos, sendo duzentos e catorze do sexo feminino e oitenta e cinco do sexo masculino, tendo concebido em cinquenta e três mulheres. El-Rei D. João II lhe perdoou a morte e o mandou pôr em liberdade aos dezassete dias do mês de Março de 1487, com o fundamento de ajudar a povoar aquela região da Beira Alta, tão despovoada ao tempo, e mandou arquivar os papéis da condenação.

---

18 António Luís Henriques Seco, *Memórias do tempo passado e presente para lição dos vindouros*. Coimbra: Imprensa da Universidade,1880, p. 672.

19 Sentença proferida em 1487 no processo contra o Prior de Trancoso (Arquivo Nacional da Torre do Tombo, Armário 5, Maço 7; agradeço à Elena Burgoa o ter-me enviado esta referência).

CALEIDOSCÓPIO DO ANTIGO REGIME 153

O que se passava com a pena de morte, parece ter-se passado – em grau porventura diferente – com algumas outras penas corporais, de que as fontes que utilizámos também oferecem poucos testemunhos de aplicação. Tais são os casos dos açoites que, no mesmo rol dos detidos da cadeia de Lisboa, não são mais aplicados do que a pena capital. Na mesma fonte, a marca é usada em dois casos, um de roubo e outro de furto, cumprindo a conhecida funções de registo criminal no próprio corpo do delinquente, nomeadamente nos crimes em que era relevante, para a medida da pena, saber se o criminoso era reincidente ou não.[20] Os açoites, por sua vez, aparecem em três casos – um de entrada violenta em casa de mulher branca e dois de furto. O cortamento de membro nunca aparece.[21]

Em vista disto, o leque das penas praticadas no plano do sistema punitivo régio ficava afinal muito reduzido e, sobretudo, carecido de medidas penais intermédias. Como a mais grave, embora quase apenas virtual, a pena de morte; mas, sobretudo, o degredo, com todas as dificuldades de aplicação – e consequente falta de credibilidade – a que nos referimos. Na base, as penas de açoites – inaplicáveis a nobres e, em geral, aparentemente pouco usadas, pelo menos a partir dos fins do século XVII – e as penas pecuniárias

Assim, e ao contrário do que muitas vezes se pensa, a punição no sistema penal realmente praticado pela justiça real do Antigo Regime – pelo menos até ao advento do despotismo iluminado

---

20 No furto, a treincidência era duramente punida, pois o furto *triplum* equivalente ao *furtum magnum*; daí que se estabelecesse a marcação dos ladrões no primeiro furto com um L ou um P, consoante a condenação fosse feita em Lisboa ou no Porto. Mas o segundo já com uma forca, pré-anunciando o que poderia acontecer num eventual terceiro (Lei da Reformação da Justiça, de 6.12.1612, § 20. No entanto, a marca já não se usava nos finais do século. XVIII (ver Joaquim José Pereira e Sousa, *Classes dos crimes por ordem sistemática*. Lisboa: Imprensa Régia, 1803, I, § 22, nota 35).

21 "Há muito que estão entre nós em desuso", Joaquim J. C. Pereira e Sousa, *Classes dos crimes [...]*, *op. cit.*, I, § 22, nota 35.

154 António Manuel Hespanha

– não era nem muito efetiva, nem sequer muito aparente ou te-
atral. Os malefícios ou se pagavam com dinheiro, ou com um
degredo de duvidosa praticabilidade e, muitas vezes, não excessivamente prejudicial para o condenado. Ou, eventualmente, com
um longo e arbitrário encarceramento "preventivo".

Ou seja, mais do que em fonte de uma justiça efetiva ou quotidiana, o rei constitui-se em dispensador de uma justiça apenas – e, acres-
cente-se, cada vez mais – virtual. Independentemente dos mecanismos
de graça e da atenuação casuística das penas, que estudaremos a seguir,
o rigor das leis – visível na legislação quatrocentista e quinhentista (a
legislação manuelina tende a agravar o rigor e crueldade da punição) –
fora sendo temperado com estilos de punir cada vez mais brandos.

Passemos, agora, ao polo oposto da punição: o perdão ou, mais
em geral, as medidas que, na prática, traduziam a outra face da intervenção régia em matéria penal – o exercício da graça.

Tem sido ultimamente posto em evidência o caráter massivo
do perdão na prática penal da monarquia corporativa.[22] E tem sido
mesmo destacado que o exercício continuado do perdão destruía o
seu caráter imprevisto e gracioso e o transformara, pelo menos para
certos crimes, num *estilo* e, com isto, num expediente de rotina.

No plano doutrinal, este regime complacente do perdão radica,
por um lado, no papel que a doutrina do governo atribuía à clemência e, por outro, no que a doutrina da justiça atribuía à equidade. Quanto à clemência como qualidade essencial do rei, ela estava
relacionada com um dos tópicos mais comuns da legitimação do
poder real – aquele que representava o príncipe como pastor e pai

---

22 V. Luís Miguel Duarte, "Justice et criminalité au Portugal au moyen age et
au début de l'époque moderne – les traces, les silences, les problèmes". In: L.
Berlinguer (ed.), *La "Leopoldina". Criminalità e giustizia criminale nel settecento
europeo.* Milano: Giuffrè, 1990, 1986, 3 vols.

dos súditos, que mais se devia fazer amar do que temer.[23] Embora constituísse, também, um tópico corrente que a clemência nunca poderia atingir a *licença*, deixando impunidos os crimes (justamente porque um dos deveres do pastor é, também, "perseguir os lobos" que ameaçam ou atacam o seu rebanho,[24] estabelecia-se como regra de ouro que, ainda mais frequentemente do que punir, devia o rei ignorar e perdoar ("Principem non decere punire semper, nec semper ignoscere, punire tamen saepe, ac saepius ignorare officium regium esse; miscere clementiam, & severitatem pulchrius esse" [o príncipe não deve punir sempre, nem sempre ignorar, mas punir frequentemente e, ainda mais frequentemente, ignorar: é esse o dever dos reis; combinar a clemência com a severidade é o mais bonito),[25] não seguindo pontualmente o rigor do direito ("Ex praedicitis infertur non esse sequendum regulariter, quod praecipuit jus strictum [...] summum ius, summam crucem [vel] injuriam"[26] [infere-se do que se disse que aquilo que prescreve o direito entendido rigidamente não deve ser seguido regularmente [...] pois um direito absoluto é o mesmo que uma cruz ou uma justiça absolutas]). Este último texto aponta já para um outro fundamento teórico da moderação da

---

23 Cf. sobre o tema, largamente, Baptista Fragoso, *Regímen reipublicae Christianae*, Coloniae Allobrogum, 1641, I, 1.1, disp. 1, § 3 p. I, 2.: "principem pastoris nomen, imperioque adornat, et sic nomen imperi superbum pastoris nomine dulcescit: quasi dicat imperare populo, ac pascere populo idem esse [...] ex quo manifestum est clementiam, mansuetudinem, & misericordiam maxime competere in principibus, atque illorum vices tenetibus", n° 37 [p. 22], com fonte na Sagrada Escritura e em Santo Ambrósio; "magis decere principem amari, quam metui" (*ibid*, n° 44).

24 *Ibidem*, n° 42-42, 52, *infine*, p. 53 e 60-62. Na literatura clássica, estabelecera-se uma larga polêmica com os estoicos, para quem a *clementia* em relação aos criminosos equivalia à licença. Mais tarde, penalistas iluministas reagirão, de novo, contra o perdão, com idêntico fundamento.

25 *Ibidem*, n° 53.

26 *Ibidem*, n° 57.

156 ANTÓNIO MANUEL HESPANHA

punição – ou seja, o contraste entre o rigor do direito e a equidade de cada caso. Fundamento que, valendo para todos os juízes – pelo que reservamos uma referência mais alargada para o momento em que tratarmos dos fundamentos teóricos do poder arbitrário dos juristas, valia ainda mais para o juiz supremo que era o rei.

Tal quadro doutrinal e ideológico tinha reflexos diretos no plano institucional. Um dos tratamentos mais completos do regime do perdão na doutrina portuguesa é o de Domingos Antunes Portugal,[27] onde se discutem os requisitos a que devia obedecer a sua concessão. Em primeiro lugar, é destacado a sua natureza de *regalia* (mesmo de *regalia maiora* ou *quae ossibus principis adhaerent*).[28] Em segundo lugar, indica-se a necessidade de uma justa causas para a sua concessão, embora se adiante que "justa, et magna causa est principis voluntas" (uma justa e grande causa é a mera vontade do príncipe) (nº 11); em terceiro lugar, a necessidade de precedência do perdão de parte,[29] embora se excetuassem os casos em que o perdão fosse concedido *pro bono pacis* (para pacificar [uma "rixa velha", por exemplo) ou em que o príncipe exercitasse, com justa causa, a sua *potestas absoluta*.[30]

---

27 Portugal, *Tractatus donationibus regiis* [...], *op. cit.*

28 Logo, insuscetível de doação (ns. 1-5; o príncipe podia, no entanto, cometer a certos magistrados a instrução dos processos de perdão (v. *Ord. fil.*, I, 3; *Regimento do Desembargo do Paço*, §18). Portugal, *Tractatus donationibus regiis* [...], *op. cit.*, pt. II, c. 18, p. 264 ss.

29 *Ord. fil.*, I, 3, 9; III, 29.

30 nº 40 ss., *max.*, nº 47. Refere ainda que, em Portugal, o rei não costuma perdoar os crimes mais atrozes, mesmo com o perdão de parte (nº 48); que os criminosos reincidentes não devem ser perdoados; que o rei pode perdoar contra o pagamento de certa quantia (*Reg. Desemb. Paço*, §§ 21 e 23; nº 124). O regime da concessão do perdão fora modificado por este regimento (de 27.7.1582), num sentido mais rigorista. Sobre o regime do perdão, ver, além do comentário de Manuel Álvares Pegas a este regimento (*Comentaria ad Ordinationes* [...], *op. cit.*, da !, 3,

CALEIDOSCÓPIO DO ANTIGO REGIME   157

A doutrina, porém, atestava uma prática de perdão mais permissiva do que o faziam supor as determinações legais e, mesmo, doutrinais, Manuel Barbosa informa que era estilo comutar as penas sem o perdão de parte, decorrido um terço do seu cumprimento (está a referir-se, decerto, ao degredo) [31]. E que, embora Jorge de Cabedo aconselhasse em sentido contrário, se perdoavam mesmo os crimes mais graves, recordando casos ocorridos na sua terra, de perdão de penas capitais, sem perdão de parte:

> eu próprio vi, no entanto, perdoar a pena capital a um nobre de Guimarães, sem perdão de parte, e ouvi dizer que o mesmo acontecera a um certo homem de Monção, mas para isto deve ocorrer grave causa, pois o príncipe não pode facilmente perdoar contra o direito da parte lesada.[32]

O perdão e a comutação da pena combinavam-se, de resto, com uma outra medida de alcance prático semelhante – a concessão de alvarás de fiança (*liberatio sub fidejussoribus*), que permitiam aos réus aguardar em liberdade o julgamento ou o "livramento" por perdão ou comutação.[33] Também aqui o Regimento do Paço procura

---

8 ss. e *ad Reg. Sen. Pal.*, cap. 19/21 (vol. VII dos seus *Comentaria ad Ordinationes [...], op. cit.*), Jorge de Cabedo, *Practicarum oservationum sive decisionum [...]*, I, dec. 75.

31 Manuel Barbosa, *Remissiones doctorum [...]*, ad I, 3, 9, nº 2 [p. 8]. No mesmo sentido, Manuel Mendes de Castro, *Practica Lusitana [...]*, Pt. 2, l.1., c. 2, nº 19 ss. [p. 13-14]; justificando a praxe "ob delinquentis mérito, & benefício in rem publicam" [por mérito dos delinquentes e em benefício do interesse da república] invocando o direito comum, D., 49, 16, 5, 8.

32 *Ibidem.*

33 Sobre os alvarás de fiança, ver, por todos, Manuel Mendes de Castro, *Practica Lusitana [...]*, p. I (e também p. II), l.5, cap. 1, app. III [p. 173], para além dos

158 António Manuel Hespanha

estabelecer um maior rigor[34] para evitar que tais alvarás "deem ocasião aos delinquentes cometerem os delitos tão facilmente com esperança de haverem os ditos Alvarás para se livrarem soltos". Mas,
na prática, o regime parece ter continuado a ser bastante permissivo.
No rol dos presos à ordem da Casa da Suplicação, a que já nos temos
referido, quase metade (mais exatamente, 48%) daqueles deque se
sabe o destino saem soltos por perdão, fiança ou, eventualmente, por
falta de culpas; e, em relação a muitos outros, "corria livramento"
pelos meios ordinários.

Além das cartas de fiança e dos alvarás de fiança, existiam ainda as *cartas de seguro* (*securitatis* ou *assecurationis litterae*), passadas
pelos corregedores e outros juízes, que garantiam o acusado contra
a prisão ou a conclusão da causa.[35] Do relevo prático deste instituto
na criação de um clima de permissividade criminal diz-nos o testemunho de Manuel Mendes de Castro: "Digo-te que em nenhuma
outra parte estão em uso senão neste reino, embora este costume
português pareça um pouco alucinado [...] se o meu juízo vale algo,
penso que seria melhor aboli-las completamente [...]".[36]

---

comentários de Manuel Barbosa e de M. A. Pegas ao parágrafo do regimento do
desembargo do Paço (com ulteriores indicações de literatura sobre o tema).

34 Cf. *Ibidem*, 24.

35 *Ord. fil.*, V, 124-129; Alv. 21.1.1564 (em Duarte Nunes de Leão, *Leis extravagantes e repertório das ordenações*, nota de apresentação de Mário Júlio de Almeida
Costa, Lisboa, Fundação Calouste Gulbenkian, 1987); Alv. 6-12-1612, §§ 3-4;
Ord. fil., v, 128; um outro tipo de garantia, ainda mais genérica – a segurança
real. Sobre as cartas de segurança, seu regime e espécies, além das fontes legais,
ver por todos, Manuel Mendes de Castro, *Pratica lusitana*, p. I, l. 5, c. 1, app.
II, n° 19 [p. 172] e p. II, l. 5, c. 1, app. II ([p. 255]; Mateus Homem Leitão, *De
jure Lusitano in tres tractatus. I. De gravaminibus. II. De securitatibus. III. De
inquisitionibus*. Conimbrica, 1645 (agora [2009] trad. para português, Fundação
Calouste Gulbenkian).

36 *Ibidem*, app. III.

CALEIDOSCÓPIO DO ANTIGO REGIME 159

Esta situação de permissividade era incentivada pelo poder. Um influente valido de D. João V recomendava rispidamente ao Desembargador Inácio da Costa Quintela:

> Sua Majestade manda advertir V. M., que as leis são feitas com muito vagar e sossego, e nunca devem ser executadas com aceleração: e que nos casos crime sempre ameaçam mais do que na realidade mandam [...], porque o legislador é mais empenhado na conservação dos súbditos do que no castigo da Justiça, e não quer que os ministros procurem achar nas leis mais rigor que elas impõem.[37]

Conclusão

Concluindo. Pelos expedientes de graça realizava-se o outro aspeto da inculcação ideológica da ordem real. Se ao ameaçar punir (mas punindo, efetivamente, muito pouco), o rei se afirmava como justiceiro, dando realização a um tópico ideológico essencial no sistema medieval e moderno de legitimação do poder; ao perdoar, ele cumpria um outro traço da sua imagem – desta vez como pastor e como pai –, essencial também à legitimação. A mesma mão que ameaçava com castigos impiedosos, prodigalizava, chegando ao momento, as medidas de graça. Por esta dialética do terror e da clemência, o rei constituía-se, ao mesmo tempo, em senhor da Justiça e mediador da Graça. Se investia no temor, não investia menos no amor. Tal como Deus ele desdobrava-se na figura do Pai justiceiro e do Filho doce e amável.

---

37 Francisco Freire de Melo, *Discurso sobre os delitos* [...], *op. cit.*, p. 9. A censura reportava-se à condenação à morte de um moço que roubara coisas numa Igreja (ver Alexandre de Gusmão, *Collecção de vários escritos inéditos* [...]. Porto 1841, 31.

Assim, o perdão e outras medidas de graça, longe de contrariarem os esforços de construção *positiva* (pela ameaça) da ordem régia, corroboram esses esforços, num plano complementar, pois esta ordem combinada da Disciplina e da Graça constitui o instrumento e a ocasião pelos quais se afirma ideológica e simbolicamente, em dois dos seus traços decisivos – *summum ius, summa clementia* – o poder real. Da parte dos súbditos, este modelo de legitimação do poder cria um eficaz *habitus* de obediência, tecido, ao mesmo tempo, com os laços do temor e do amor. Teme-se a *ira regis*; mas, até à consumação do castigo, não se desespera da sua *misericórdia*. Antes e depois da prática do crime, nunca se quebram os laços (de um tipo ou de outro) com o poder. Até ao fim, o rei nunca deixa de estar no horizonte de quem prevarica; que, se antes não se deixou impressionar pelas suas ameaças, se lhe submete, agora, na esperança do perdão. Trata-se afinal de um modelo de exercício do poder coercitivo que evita, até à consumação final da punição, a "desesperança" dos súditos em relação ao poder; e que, por isso mesmo, tem uma capacidade quase ilimitada de prolongar (ou reiterar) a obediência e o consenso, fazendo economia dos meios violentos de realizar uma disciplina não consentida.

Em comunidades em que os meios *duros* de exercício do poder eram escassos, modelos que garantissem ao máximo as condições de um exercício consentido do poder eram fortemente funcionais.

Tudo combinado – no plano da estratégia punitiva, do funcionamento do perdão ou do livramento e da escala de penas efetivamente aplicável e aplicada –, o resultado era o de um sistema real/oficial de punição pouco orientado para a aplicação de castigos e, finalmente, pouco crível neste plano. O controlo dos comportamentos e a correspondente manutenção da ordem social só se verificava porque, na verdade, ela repousava sobre mecanismos de constrangimento situados num plano diferente do da ordem penal real.

CALEIDOSCÓPIO DO ANTIGO REGIME   161

A disciplina social baseava-se, de fato, mais em mecanismos quotidianos e periféricos de controlo, ao nível das ordens políticas infraestaduais – a família, a Igreja, a pequena comunidade.[38] Neste conjunto, a disciplina penal real visava, sobretudo, uma função política – a da defesa da supremacia simbólica do rei, enquanto titular supremo do poder punitivo e do correspondente poder de agraciar.

Para isto, nem era preciso punir todos os dias, nem sequer punir *estrategicamente* do ponto de vista dos interesses de disciplina da vida social (i. e., punir os atentados mais graves ao convívio social). Disto se encarregavam usando tecnologias disciplinares diversas, os níveis infrarreais de ordenação. À justiça real bastava intervir o suficiente para lembrar a todos que, lá no alto, meio adormecida mas sempre latente, estava a *suprema punitiva protestas* do rei. Tal como o Supremo Juiz, o rei devolvia aos equilíbrios naturais da sociedade o encargo de instauração da ordem social.

Por outro lado, para se fazer lembrar e reconhecer, para manter a carga simbólica necessária à legitimação do seu poder, o rei dispõe de uma paleta multimoda de mecanismos de intervenção. Pode decerto punir; mas pode também agraciar, assegurar ou livrar em fiança; como pode, finalmente, mandar prender. Pode optar, isto é, tanto pelo meio desgastante da crueza, como pelo meio econômico do perdão. Ao fazer uma coisa ou outra, afirma-se na plenitude do seu poder e no cabal exercício das suas funções. Pois – segundo uma conhecida máxima do início do Digesto – a realização da justiça (leia-se, da disciplina social) exige uma estratégia plural, em que, ao lado do medo das penas, figuram os prêmios e as exortações *(non solum metu poenarumn, verum etiam*

---

38 Sobre os poderes punitivos destas ordens infrarreais: (i) sobre o poder punitivo do *pater*, Baptista Fragoso, *Regimen reipublicae [...], op. cit.,* 3 tomos, I disp. I, 4 n° 89 e III, dispo 3 parág. 2; 1610, S,V. «pater», n° ss.; cf. *Ord. fil., v.* 38 e V. 95, 4 e respectivos comentadores; *(ii)* sobre o poder punitivo da Igreja, V. o vol. II da mesma obra, *per totum.*

premiorum quoque exhortatione, D., 1, 1, 1, 1.) [não só pelo medo das penas, mas também pela exortação causada pelos prêmios].

Bibliografia citada

AMARAL, António Cardoso do Amaral (16??-17??). *Liber utilissimus judicibus, et advocatis / compositus ab Antonio Cardoso do Amaral [...]* Conimbricae, *Apud* DIAZ, Emmanuelem. À custa de Antonio Barreto mercador de livros, 1685. 2 vols. (1ª ed. 1610). Ed. dig. purl.pt/index/geral/aut/PT/162963.html

BARBOSA, Manuel (1546-1629). *Remissiones doctorum ad contractus, ultimas voluntates, et delicta spectantes in librum quartum, et quintum Ordinationum Regiarum Lusitanorum, cum concordantijs utriusque* juris, legum partitarum, ac novae recopilationis Hispanorum[...] / auctore Emmanuele Barbosa[...] ; opera, diligentia, & expensis Augustini Barbosae[...], Ulyssipone, ex officina Petri Craesbeeck, 1618.

CABEDO, Jorge de (15 -ca 1603). *[Prima et secunda pars] Decisionum Senatus Regni Lusitaniæ. / Collectæ per Doctorem Georgium de Cabedo [...]* Olisipone : ex officina Georgii Rodriguez, 1602; *Practicarum observationum, sive decisionum supremi senatus Regni Lusitaniae. Pars prima, [-secunda]...* / authore Georgio de Cabedo…. Offenbachii; ex officina Chalcographica Conradi Nebenii, 1610 (últ ª ed., 1734).

CASTRO, Gabriel Pereira de (1571-1632). *Tractatus de manu regia. Pars prima [altera]. Editio novissima auctior, infinitis pene mendis, quibus scatebat, ad amussim expurgata. Cum novis additionibus et duplici indice locupletissimo.* Typis Joannis Baptistae Lerzo, Ulyssipone, 1742, 2 vols. (1ª ed. 1622-1625).

CALEIDOSCÓPIO DO ANTIGO REGIME   163

CASTRO, Manuel Mendes de (15?? -16??). *Practica lusitana, advocatis, iudicibus, utroque foro quotidie versantibus, admodum utilis et necessaria [...] cum ducentis et quadraginta novissimis Senatus decisionibus. Et centum contra cautellis. Item et nonnullis animaduertionibus ad bonu publicum iustitiae concernentibus. Et allijs utilissimis. Ordinationum declarationibus /* auctore Emanuele Mendes à Castro. Olysipone, *apud* Georgium Rodericum, 1619.

CORELIA, Jaime de. *Pratica de confessionario.* Coimbra, 1744.

CORREIA, Eduardo. "Estudo sobre a evolução das penas no direito português". *Bol. Fac. Dir. Coimbra,* (53), 1977.

FARINACCIUS, Prospero (1554-1618), *Praxis, et theoricae criminalis amplissimae : pars quidem quarta : ast operum criminalium pars quinta... : in qua per regulas, ampliationes, & limitationes, omnia, quae in judiciis ad delicta punienda indies occurere solent, & frequentissime controvertuntur, distincte, ac miro ordine comprehenduntur [...],* Lugduni, 1606.

FEBO, Melchior (15??-1632). *Decisionum Senatus Regni Lusitaniae: in quibus multa quae in controversiam quotidie vocantur, gravissimo Illustrium Senatorum iudicio deciduntur : tomus primus / auctore Melchiore Phaebo, Lusitano Olysipponensi in suprema Curia advocato. Excellentissimo Theodosio Duci Brigantino dicatus.* Olyssippone: Ex Officina Georgii Roderici, 1623 (1ª ed. 1619).

FRAGOSO, Baptista (1559-1639). *Regimen reipublicae christianae, ex sacra theologia, et ex vtroque iure ad vtrumque forum tam internum, quàm externum coalescens, in tres partes diuisum [...],* Lugduni, sumpt. Haered. Gabr. Boissat, & Laurentij Anisson, 1641.

FREIRE DE MELO, Francisco. *Discurso sobre os delitos e as penas [...]*. Londres, 1816.

GOMEZ, António (1501-1570) & RIBEIRA, Manuel Soares da. *Variae resolutiones juris civilis, communis et regii, tomis tribus distinctae, quorum. I, Ultimarum voluntatum. II, Contractuum. III, Delictorum materias continet. Quibus accesserunt eruditissimae annotationes Emanuelis Soarez a Ribeira*. Lugduni [Lyon]: Sumptibus Joannis Posuel, 1701. Folio (33 cm). Later limp vellum. Editio nova cui praeter additiones et notas editionis Salmanticae anni 1579. Ed. cons. *Opera omnia*, Venetiis, 1747.

GOMEZ, António. *Opus [...] super legibus Tauri*, Salmanticae, in aedibus Andreae à Portonariis, 1555; ed. cons. *Opera omnia*, Venetiis, 1747.

MELO FREIRE, Pascoal José de. *Institutiones iuris criminalis lusitani*. Ulysipone: Typis Universitatis Conimbricensis, 1789.

_____. *Codigo criminal intentado pela rainha* D. *Maria I, com as provas*. Coimbra: Imprensa da Universidade, 1844.

PORTUGAL, Domingos Antunes (m. 1677). *Tractatus de donationibus jurium et bonorum regiae coronae [...]*, Ulyssipone: ex Typographia Ioannis A. Costa, 1673.

SECCO, António Luiz de Sousa Henriques. *Memorias do tempo passado e presente [...]*. Coimbra, 1880.

Os Forais da época moderna:
o caso do Foral manuelino de Évora

O TEMA DOS FORAIS NOVOS de D. Manuel está bem longe de estar inédito.

Do ponto de vista histórico, o interesse por ele surgiu, como se sabe, na sequência da carta de lei de 1810 (7 de Março de 1810), em que D. João VI prometeu, para acalmar as reacções internas provocadas pelo tratado que abria à Inglaterra o comércio com o Brasil, a revisão dos forais. Cujo peso sobre a agricultura do reino a literatura fisiocrática vinha denunciando.

Além de ter suscitado reações políticas,[1] a questão dos forais tornou-se num tema de investigação histórica, pois, antes de mais, havia

---

1 No conjunto de medidas referentes à constituição agrária, surgidas na sequência desta Carta de Lei de 1815, refiram-se, como mais importantes, as seguintes: Alvará de 11 de Abril de 1811; Decreto de 5 de Junho de 1824; antes, ver as Leis de 16 de Janeiro e 4 de Agosto de 1773; Leis de 25 de Maio e 4 de Junho de 1776; de 20 de Abril de 1775 e de 4 de Julho de (cf. Alberto Carlos Meneses, *Plano de reforma de foraes e direitos bannaes nos bens da Coroa*. Lisboa, 1825. Cf., entre os principais, João Pedro Ribeiro, *Dissertação histórica sobre a reforma dos forais*. Lisboa, 1825; Manuel de Almeida e Sousa de Lobão, *Discurso jurídico, histórico e crítico sobre os direitos dominicaes*. Lisboa: ed. cons., 1819; Manuel Fernandes Thomas, *Observações sobre o discurso que escreveu Manoel d'Almeida e Sousa em favor dos direitos dominicaes da Coroa, donatários e particulares*. Lisboa, 1814: sobre a conjuntura política e literária, cf. Nuno Gonçalo Monteiro, "Lavradores, frades e

que compreender, dentro de uma metodologia de utilização política da história recomendada aos juristas pela Reforma Pombalina da Universidade,[2] de que modo os forais pertenciam a um mundo político obsoleto, dominado pelo feudalismo, contra o qual, tanto iluminismo como liberalismo se tinham comprometido num combate final.

A própria literatura anterior sobre forais recorria frequentemente à história pois, como veremos mais tarde, a própria comprovação do conteúdo dos forais, tanto antes como depois da reforma manuelina, precisava da história, nomeadamente por aceitar, ou como título de aquisição de direitos do tipo dos contidos nos forais, ou como subsídio para a interpretação do texto foraleiro, a posse imemorial, comprovada pela história.

A história da história da reforma dos forais pode resumir-se, com simplificação, em poucas linhas.

Até aos finais do século. XVIII, a reforma foi coberta por uma maré de notória antipatia. Para além de pareceres negativos de

---

forais: revolução liberal e regime senhorial na Comarca de Alcobaça (1820-1824)", sep. da rev. *Ler História*, 1985; Fernando Dores Costa, "Flutuações da fronteira de legitimidade da intervenção legislativa antissenhorial nos debates parlamentares para a revisão do decreto dos forais de 1832 (1836-1846)", sep. de *Rev. Port. de História*, 23; António Manuel Hespanha, *O jurista e o legislador na construção da propriedade burguesa*, versão polic., Lisboa, 1980, 80 p.; versão abreviada (sem aparato crítico completo), *Análise social*, 61-62 (1980), p. 211-236. Os forais novos estão hoje publicados por Luís Fernando de Carvalho Dias, *Forais Manuelinos do reino de Portugal e do Algarve* / Luiz Fernando de Carvalho Dias – Beja: L.F.C.D., 1961-1969. – Conforme o exemplar do Arquivo Nacional da Torre do Tombo de Lisboa. – 1º v.: Beira. – 1961. – 254 p., [13] f. il.;. – 2º v.: Trás-os-Montes. – 1961. – 116 p., [12] f. il.;. – 3º v.: Estremadura. – 1962. – 361 p., [18] f. il.;. – 4º v.: Entre Tejo e Odiana. – 1965. – 184 p., [14] f. il. ;. – 5º v.: Entre Douro e Minho. – 1969. – 238 p., [18] f.il.

2 A. M. Hespanha, "Recomeçar a Reforma Pombalina". *Revista de direito e estudos sociais*, Coimbra, 19 (1972), p. 5-34.

CALEIDOSCÓPIO DO ANTIGO REGIME   169

cronistas seus contemporâneos (com destaque para Damião de Góis),[3] gerações de juristas, no seu afã de provarem direitos que não cabiam na letra dos forais, acumularam sobre a reforma suspeitas de imperfeição. Para além de que, a enorme conflitualidade que a questão dos forais teve durante os últimos séculos do Antigo Regime parecia provar suficientemente que o objetivo de clarificação das prestações forais e dos direitos reais, que constituíra o objetivo confesso da reforma, não tinha sido alcançado.

A maré muda com a obra de Alberto Carlos de Meneses, Plano de reforma de foraes e direitos bannaes nos bens da Coroa, de 1825.[4] Os tempos eram agora outros. Quem estava a falar era um reformador, apostado em recuperar aquilo que parecia ser o espírito originário da reforma, ou seja, tornar certa a interpretação dos forais e acabar com os abusos de rendeiros e donatários, ou seja, o objetivo expresso pelo rei no dec. de 5 de Junho de 1824, que cria a Junta para a Reforma dos forais. Por isso, aí, a reforma manuelina é louvada. Logo no "prospecto", esta intenção laudatória fica anunciada:

> Continuarei a mostrar os Foraes novos reformados por ordem do Senhor Rei D. Manoel, no espaço de 25 anos do seu feliz Reinado; e he para admirar as miúdas diligências, o penível trabalho para a sua reforma, e a sabedoria com que foram reformados, ouvindo os Povos, os Donatários, e Procuradores Régios; ver-se-á a necessidade da reforma, a sua vantagem, os motivos, que tiverão os Três Estados da Nação para requererem esta importante Obra tantas vezes em Assembleia de Cortes, fazendo-se odioso o sistema feudal nos Direitos *Bannes* e Senhoriaes [...] Ver-seião desmentidos aqueles Historiadores, que protervamente

---

3 Ver adiante.

4 Meneses, *Plano de reforma… op. cit.*

170 ANTÓNIO MANUEL HESPANHA

mancharão o crédito de Fernão de Pina, laborioso Agente daquela reforma, de quem o Senhor D. Manoel se serviu para uma tão útil Obra e outras de muito valor: não apareceria aquela reforma tão propicia aos povos, se aquele *Grande,* e *Fortunado* Rei não achasse aquele homem de tanta Literatura, genio laborioso, robusto, e assíduo, sendo igualmente perito na Leitura do documentos, e Escrituras antigas, de que se valeu para dar uma forma nova ao Arquivo Real.[5]

No termo da descrição do trabalho de reforma,[6] Alberto Carlos procura explicar por maquinações de rivais, a começar pelas do seu próprio sucessor no cargo de Guarda Mór da Torre do Tombo, o célebre Damião de Góis, o menosprezo que se abatera sobre o trabalho compilatório:

76. Acabou Fernão de Pina todos os Forais de que fora incumbido, consumindo neste trabalho muita parte da sua *fazenda em* gastos, e despeza, assim na Corte, como fora dela, fazendo pessoalmente as Inquirições e reconhecimentos dos Direitos Reais do Patrimônio da Coroa, cujos serviços a bem do Estado e sossego dos foram presentes a El-Rei D. Manoel, o qual cumpriu a promessa, que lhe tinha feito, da Tença vitalicia dos 70 000 rs. [...]:[7]
78. Este laborioso homem, que desempenhou os desejos de um Rei venturoso na reforma forais nascidos do sistema feudal, reduzindo a um tombo geral as Rendas patrimoniais da Coroa, como o Senhor Rei D. Manoel ordenara no Regimento da Fazenda Real do ano de

5   *Idem, ibidem,* p. VI.

6   *Idem, ibidem,* p. 59 ss.

7   Ver, sobre este assunto das recompensas a Fermão de Pina, Maria José Mexia Bigotte Chorão, *Os forais de D. Manuel (1496-1520).* Lisboa, ANTT, 1990.

CALEIDOSCÓPIO DO ANTIGO REGIME   171

1516, para melhorar a arrecadação das Finanças, e aliviar povos; este homem digno, apparece em uma prisão, no ano de 1516, *por culpas maquinadas pela malícia dos seus Êmulos*, como se explica o Abade Barbosa na sua *Biblioteca Lusitana*, Tom. 2, pag. 50, sucedendo-lhe Damião de Goes no offício de Guarda Mór da Torre do Tombo, em quanto ele *Fernão de Pina não se livre dos cargos porque ora he preso, e acusado, em maneira que o possa servir* (Veja o Livro 60 da Chancell, do-Senhor D. João III, fol, 118 no Arquivo Real e a Chron. do Senhor D. Manoel, P. 4, Cap. 37, fol. 519, col. 2).

79. Damião de Goes, Cronista da vida do Senhor Rei D. Manoel, e Guarda-Mór da Torre do Tombo, pelo impedimento de Fernão de Pina, nota-lhe alguns erros nesta Obra da reforma dos Forais, expressando-se nestas palavras: "Empleose Elrei em dar fueros mais claros que os antecedentes às cidades, e vilas, embiando para este éfeto a Fernando de Pina... no salio esta obra com tanta claridade como se deseava, porque aviendo-lhe Elrei señalado um premio (de quatro mil cruzados)... de que resultou haver tantas dudas, e produzir confusão... A cobiça da qual mercê foi causa do que dixe, e de ho dicto Fernão de Pina fazer cinco Livros, que na Torre do Tombo andão destes Foraes, cada hum de sua comarca (ou Provincia) por tal ordem, e tao abreviados, que seria necessarjo fazer-se destes outros de novo, em que se possese por extenso ho que elle, por ganhar tempo, ordenou de maneira, que se não pode delles dar despacho às partes senão com muito trabalho (Vej. a Chron. de D. Manoel P. 1, Cap. 25; P. 4, Cap. 37" (p. 59-60)).

Em contrapartida, as qualidades de Fernão de Pina não deixam de ser destacadas, bem como as razões da lenda negra que se tinha abatido sobre a sua obra:

80. As qualidades de Fernão de Pina, instruído na Língua Latina, e Grega, empregado no Real serviço pelo Senhor Rei D. João II, em Secretário da Embaixada a Inglaterra; Escrivão e Guarda das Confirmações, Escrivão da Câmara d'ElRei, Monteiro Mor das Matas, e charnecas do Riba Tejo, Tabelião do Paço, Administrador do Mosteiro de Tibaens, e do Vimieiro, Guarda Mor da Torre do Tombo, Cronista Mor, e Fidalgo da Casa Real, o habilitavam para a diligência da reforma dos Forais, que dependia de assíduos exames de Documentos antigos nos Cartórios públicos para o reconhecimento, e Tombo dos Direitos Reais, em cujo trabalho consumiu 25 anos, indo a Aragão com os pareceres dos Desembargadores para serem determinadas as duvidas por ElRei D. Manoel, que se achava naquele Reino no ano de 1487; procurou Fernão de Pina todos os meios de ouvir os povos nos seus Territórios, fez inquirições, e organizou os processos com toda a clareza, reduzindo as moedas antigas de Maravediz, Coroas, Libras, soldos, Justos, e outras desconhecidas, a moedas novas de Reais, ceitis, e vinténs pelo valor do Marco de prata, como tinha sido ordenado por ElRei D. Manoel para a reforma dos mesmos Forais: uma diligência feita com tanta miudeza, no espaço da quarta parte de um século, reduzindo a Leitura nova todos os Forais velhos nos 61 volumes de Documentos antigos lançados em letra redonda, clara, e inteligível, não merecia a taxa de Damião de Goes, nem a falta da verdade a respeito do premio de quatro mil cruzados: pois que se prova o contrário na carta de mercê da Tença de 70 mil réis entrando nesta quantia os 30 mil que já tinha, a qual Tença, ainda que fosse calculada pelo valor do Marco de prata, e preço do Trigo naquele tempo, não era correspondente ao trabalho, e fadigas daquela natureza; muito mais quando o mesmo

CALEIDOSCÓPIO DO ANTIGO REGIME   173

> Fernão de Pina se queixou das grandes despesas que fez,
> sem receber paga (Vej. Mem. do Desembargador João
> Pedro Ribeino, e a Gaveta 20, Maço 10, nº 9, e o Liv.
> 6 dos Misticos fol. 63 v., Colecção 2, no Arquivo Real.
> 81. As dúvidas, confusões, cobiça, e abreviatura, de que
> he taxado Fernão de Pina pelo seu Serventuario Damião
> de Goes, são repetidas pelos outros nossos historiadores,
> os quais, copiando-se uns aos outros mancharão o crédito
> daquele, reformador, e aviltarão um monumento de pri-
> meira ordem, que anda a par dos Códigos da Nação [...]
> As dúvidas, e trabalho que diz Damião de Goes haver no
> despacho das partes procede da luta, que sempre houve,
> entre os Grandes, Donatários, Almoxarifes, e os Povos; uns
> querem receber tudo, outros não querem pagar; bem clara
> he a Lei na Ord. Manoelina, e Fillipiana para decidir as
> dúvidas, e vem a ser ou Foral expresso, posse imemorial.
> Os Povos queixarão-se muito nas Cortes de 1439, a respeito
> dos Foros, que os Grandes lhes pedião, desta queixa porém
> resultou somente reformarem-se, mas não se abolirem os
> Forais. Quem pode contentar os Povos, que pertendem ser
> livres de todos os direitos, e prestações? (p. 59-61).

A avaliação de Alberto Carlos é, seguramente, filha de uma época reformista, valorizado do papel "racionalizador" da coroa e hostil ao
espírito feudal. Mas o diagnóstico sobre as causas das atribulações de
Fernão de Pina, bem como sobre a fama negativa que se colou ao seu
trabalho parece fundamentalmente correto. A certificação das prestações exigíveis por foral era – como explicaremos mais tarde – prejudicial a rendeiros e donatários que, ou pelo abuso e pela força, ou por
demandas judiciais contra os povos, tendiam a exigir coisa diferente
e mais gravosa do que o foral continha. Daí que toda a certificação
fosse encarada com hostilidade. A vaga de litigância que acompanhou

a reforma dos forais,[8] e que se prolongou depois dela, nos anos mais imediatos,[9] ou durante os séculos seguintes,[10] mostra até que ponto a revisão dos forais mexia com interesses estabelecidos. Por vezes os dos povos, mais frequentemente os de rendeiros e donatários.

A nova fase da historiografia da reforma dos forais abre-se com o pessimismo político e romantismo historicista de Herculano, devastador para tudo quanto pudesse parecer centralização e diminuição da autonomia dos povos. A avaliação da reforma manuelina dos forais não podia deixar de ser negativa. Por um lado, os forais novos pareciam muito menos ricos de franquias locais (e até de variedade de assuntos) que os forais medievais, quase todos eles compreendendo matérias que iam desde a fiscalidade até à punição penal, passando por matérias de direito privado e de organização administrativa local. Agora, não. Os forais são quase exclusivamente listas de direitos reais e enumeração de isenções nesta matéria. De tudo isto resultou uma apreciação que se tornou translatícia, em que os forais novos são considerados como meras listas de tributos a pagar ao rei, reflexos da centralização do poder, e contrastantes com os forais medievais, esses sim, cartas de franquias cidadãs e conselhias.[11] Intervenções no

---

8   Todo o processo de elaboração dos forais envolveu uma parte contenciosa, admitindo-se a intervenção das partes nos processos judiciais de certificação das situações, bem como embargos das sentenças destes processos (cf. Meneses, *Plano de reforma… op. cit.*, p. 3 ss. (ns. 7-9). Para mais detalhes, ver adiante.

9   Existem processos de contestação dos resultados da Reforma no ANTT, nomeadamente no Corpo cronológico.

10   Basta ler os comentários de Manuel Álvares Pegas ao tit. das *Ord. filipinas* sobre os direitos reais (*Ord. fil*, II, 26) e sentenças aí transcritas.

11   Cf., insistindo, no caráter modernizador e racionalizador Marcello Caetano, "Prefácio" a *Regimento dos ofiçiaes das cidades, villas e lugares…*, Lisboa: Fundação da Casa de Bragança, 1955, p. 19; mas já antes, Henrique Gama Barros, *História da administração pública em Portugal dos sécs. XII a XV*. Lisboa, 1945-1954; eu mesmo (A. M. Hespanha, *História das instituições. Épocas medieval e*

CALEIDOSCÓPIO DO ANTIGO REGIME   175

tema de conceituados historiadores e historiadores do direito, como Marcello Caetano[12] ou António Cruz,[13] não levantaram esta hipoteca ao romantismo.

A renovação da história política e institucional da época moderna, nos meados dos anos oitenta, parece não ter sido de molde a obrigar a rever esta tese tradicional, que ligava a reforma dos forais à centralização e ao processo de "consolidação do Estado" (Marcello Caetano).

Numa monografia publicada já nos anos 1990, Maria José Mexia volta a situar a questão no mesmo pé, integrando a reforma dos forais num movimento mais vasto e articulado de centralização do poder real:

> No plano interno, o reinado de D. Manuel caracterizou-se por uma grande centralização do poder, conseguida através de duas grandes reformas:
> 1 – dotação de todo o país de uma só ordem jurídica;
> 2 – reorganização fiscal.
> Foi em obediência a estes princípios que foram levadas a cabo as seguintes medidas:
> – Publicação do regimento das sisas.
> – Publicação do regimento dos contadores das comarcas.
> – Publicação do regimento dos contadores da Fazenda.
> – Publicação do regimento dos oficiais das vilas e lugares.

---

moderna. Coimbra: Almedina, 1982, p. 527) não deixo de falar em "esvaziamento da autonomia local"; mais recentemente, não problematizando este ponto de vista, Carlos Margaça Veiga, "A reforma manuelina dos forais". In: Margarida Garcez Ventura, *O foral da Ericeira no Arquivo-Museu*. Lisboa: Ed. Colibri, 1993, p. 31-56 (o melhor estudo recente); Maria José Mexia Bigotte Chorão, *Os forais de D. Manuel, op. cit.* (monografia de que se esperaria um maior avanço no conhecimento da reforma, seus antecedentes e consequentes).

12 Nomeadamente, em *Os forais de Évora*. Évora: Ed. Gráf. Eborense, 1969.

13 Em *Forais manuelinos da cidade e termo do Porto*. Porto: Câmara Municipal, 1948 (carece de um prefácio significativo).

176 ANTÓNIO MANUEL HESPANHA

– Publicação das *Ordenações Manuelinas*.
– Reforma dos pesos e medidas.
– Reforma da Casa da Índia.
– Reforma da Casa da Mina.
– Reforma dos Tribunais Superiores.
– Reforma dos forais.

A expulsão dos judeus que não aceitassem o batismo in-sere-se também nas medidas tendentes à sujeição de todo o país à mesma ordem jurídica, pois significa a rejeição do direito ao privilégio da diferença de que eles sempre tinham gozado. Nas *Ordenações* deixará de lhes ser reco-nhecida individualidade de tratamento jurídico.[14]

Deixemos de lado a natureza completamente heterogênea das medidas aqui listadas, suscetíveis de leituras políticas muito diversas e, frequentemente, opostas entre si. No que mais nos interessa, a questão da reforma dos forais ganha um lugar central no meio de tudo isto:

Nenhuma das grandes reformas se podia efetivar, contudo, sem profunda remodelação dos forais. Se não, vejamos.
O foral é, por excelência, uma carta de doação privilegia-da – logo, como tal condenado em nome da uniformida-de jurídica a conseguir pela promulgação de leis gerais.
O foral é o fundamento do poder e organização locais – logo, condenado em nome do desejado fortalecimento do poder central e único.
O foral estabelece as formas de arrecadação dos direitos reais – e daí a necessidade imperiosa de ser remodelado, devido à desejada atualização do valor da moeda, pesos e medidas.
A reforma dos forais empreendida por D. Manuel só parcialmente viria a responder às expectativas do país,

---

14 Chorão, *Os forais de D. Manuel, op. cit.*, p. 8.

CALEIDOSCÓPIO DO ANTIGO REGIME   177

uma vez que eles se transformaram afinal, quase exclusivamente, em pautas alfandegárias, perdendo o seu caráter
político e diferenciador, base do poder local.[15]

Saliento os pontos que haveria que provar para que este panorama tivesse sentido historiográfico. Em primeiro lugar, ter-se-ia que
provar que a ordem jurídica estabelecida pela monarquia moderna
em Portugal é hostil aos privilégios, tarefa que se me afigura hercú-
lea, de tal modo é esmagadora a eficácia que o privilégio tem em
relação a outras fontes de direito – e, nomeadamente, a lei real –
dentro da arquitetura do direito comum.[16]

Depois, teria que se provar que o regime estabelecido pelas
Ordenações (*Manuelinas* ou *Filipinas*) diminuíram drasticamente o
"poder e organização [auto-]locais", o que também não se me afigura coisa fácil.[17]

Finalmente, haveria que ver em que medida é que o rei, nesta
altura, estava interessado na cobrança dos direitos reais, ponto para
o qual há estudos que problematizam a presunção aqui subjacente.
Voltaremos ao tema.

Uma enorme revoada de estudos locais dedicados a forais ou,
mesmo, a forais novos,[18] nunca coloca o problema em termos diferentes, reiterando a litania usual sobre o processo de centralização e o seu

---

15 *Idem, ibidem*, p. 8-9.

16 Cf., por todos, A. M. Hespanha, *Portugal moderno. Político e institucional*. Lisboa:
Universidade Aberta, p. 87-93; *Panorama histórico da cultura jurídica europeia*.
Lisboa: Europa-América, 1997, p. 96; Nuno Espinosa Silva, "Sobre lei e privilé-
gio". In: *História do direito português*. Lisboa, 2000, p. 512 ss.

17 Cf. A. M. Hespanha, *As vésperas do Leviathan. Instituições e poder político.
Portugal – séc. XVII*. Coimbra: Almedina, 1994, *maxime* p. 352 ss.

18 Uma boa lista obtêm-se consultando o catálogo eletrônico da Biblioteca
Nacional de Lisboa, pela palavra "forais" no título.

178 António Manuel Hespanha

reflexo na reforma dos forais.[19] As duas mais recentes obras de síntese que abordam a questão são o volume "No alvorecer da modernidade", coordenado por Romero de Magalhães e integrado na *História de
Portugal*, dirigida por José Mattoso[20] e a *História dos municípios e do
poder local [dos finais da Idade Média à União Europeia*, dirigida por
César de Oliveira.[21] Na última obra, Nuno Monteiro refere brevemente
o tema e, sem discutir o seu sentido político, conclui no sentido de que,
"a reforma manuelina dos forais (1497-1520) veio completar de forma
inquestionável essa obra de uniformização [dos modelos de municipa-
lização do território]",[22] conestando assim a interpretação tradicional.
Na primeira obra, Francisco Bethencourt escreve um texto muito mais
matizado e, sobretudo, perspectivado num contexto diferente e de diferente sentido – o da regulamentação dos direitos dos donatários. Não
discute a opinião tradicional, mas destaca, bem em cima das fontes, que
a preocupação fundamental tinha a ver com a certificação dos direitos
de foral.[23] No entanto, num capítulo de conclusões, o responsável do
volume – de resto, um grande especialista da época e do tema – renova,
enfaticamente, a opinião tradicional:

> A unificação, pelo reconhecimento da superioridade
> completa do rei, já estava adquirida pelo anterior. D.
> Manuel dota-se, por sua vez, dos instrumentos legais que
> permitem a essa autoridade acatada manifestar-se com
> eficácia: "Ao mosaico conselho de extrema variedade, im-
> põe a uniformização dos revistos forais – os forais novos –,

---

19 Não se desviando também deste ponto de vista, Nuno Espinosa Gomes da Silva,
    História do direito português. Fontes de direito. Lisboa: Gulbenkian, 2000.

20 Lisboa: Círculo de Leitores, 1993.

21 Lisboa: Círculo de Leitores, 1995.

22 *Idem, ibidem*, p. 32.

23 *Op. cit.* na nº 20, cf. p. 171 e 172.

que foram retrabalhados ao longo de 25 anos por um grupo de juristas de que se destaca Fernão de Pina. Com pouca felicidade nos resultados, e vindo a provocar enormes conflitos pelos séculos seguintes, pois incorporaram – se direitos patrimoniais e obrigações contratuais nos próprios forais, gerando confusão entre direito público e privado. E, o que é pior, tornando públicas não poucas relações que até então tinham sido do foro do direito privado.[24]

Na primeira parte, emerge a tese tradicional, em todo o seu esplendor; na segunda, retoma-se a crítica primo-oitocentista, de que nos forais, produto do espírito feudal, se confundia o público com o privado, perdendo-se a nitidez de uma fronteira que, para a mundividência iluminista e liberal, se tornara cardinal. Entre uma crítica e outra, parece haver alguma inconsistência, pois a formação da ideia moderna de Estado obrigaria, justamente, a um sublinhar de tal fronteira. Mas, sobretudo, parece que se perde de vista aqui, como noutras intervenções, aquilo que dizem as fontes.

A meu ver, passa-se, afinal, neste caso, o que se passa com outros afloramentos da questão da "estadualidade" ou "centralização" da monarquia moderna em Portugal. É tão forte a ideia de que esta sofre um processo de centralização precoce, que nem sequer a clareza e loquacidade das fontes contemporâneas conseguem problematizar as certezas adquiridas.

Que dizem, então, as fontes sobre a questão da reforma dos forais.

Dizem, por um lado, que esta era uma já antiga pretensão dos povos.[25]

---

24 *Ibidem*, p. 525-526.

25 Sobre o tema, ver, por último Nuno Espinosa Gomes da Silva, *História do direito português*, *op. cit.*, p. 301 ss., e Carlos Margaça Veiga, "A reforma manuelina dos forais", *op. cit.*

Nas Cortes de Coimbra-Évora, de 1472-3, os procuradores dos conselhos queixam-se de que

> Os Forais de cada Lugar per onde se mais rege e governa voso Reino, estes são oje em dia, e asy todos, ou moor parte falseficados, antrelinhados, rotos, não autorisados, e os tirão do seu próprio entender, nem são interpricados a uso, e costume d'ora, não são conforme a alguns artigos, e Ordenações vosas (...)

Acrescentavam, ainda, que «muitos erros, e per muitas maneiras errão nesses Foraes, são mostrados outros trelados falseficados, e os que taaes de mercê de vos hão mandam-nas tirar, como querem, e honde ha não haja, fazem de novo», pedindo ao rei que emende «as bulrras e enganos de taes Foraes». Dez anos depois, nas cortes de Évora-Viana do Alentejo de 1481-2, pede-se a D. João II

> Que mandees a estes allcaides moores que a huu certo tempo que lhe per vosa alteza for asiinado tragam todos seus foraes e lhes seiam declarados e emmendados e dados novamente per esta moeda ora coremte damdo o trellado delles na camaras das cidades e vilas pera se saber como elles husam (...).

Ao que o rei acede por Carta régia de 15 de Dezembro de 1481. Já no reinado de D. Manuel, os povos voltam a pedir a reforma dos forais

> por ser coussa, em que geeralmente recebiam grandes opressoins, e descordias antre elles, e nossos Officiais ou as pessoas, que de nos tinham os Direitos Reaes, assi por serem alguuns em Latim, outros em desacostumada linguagem (...)

CALEIDOSCÓPIO DO ANTIGO REGIME   181

O que leva o rei a nomear, em 1497, a comissão composta pelo chanceler-mor Rui Boto, pelo Doutor. João Façanha e por Fernão de Pina.

Merece a pena reler a carta que lhes comete o trabalho.[26]

---

26 Carta Régia do Senhor Rei D. Manoel em 22 de Novembro de 1497, dirigida aos Contadores das Comarcas. "Que havendo ElRei com a graça de Deus ordenado de veer, confyrmar, lymitar, e declarar os Foraes todos destes nossos Regnos, como razão, e justiça nos parecer, e tornalos a tal forma, e estilo que se possão bem entender e cumprir, e ordenamos por Officiaes delles, e deputamos em nossa Côrte Rui Boto do nosso Concelho, e nosso Chanceller moor, e o Doutor Johão Façanha do nosso Dezembargo, e Fernão de Pina Cavaleiro da nossa Caza, aos quaes mandamos que todos os ditos Foraes sejão entregues, e enviados, se ainda lá nessa Comarqua alguns são por enviar qua, e entregar; e por quanto somos emformado que *as Portagens e Direitos Reaes. de nossos Regnos se nom arrecadão, e levão por Foraes, e Titulos justos, e certos corno he rezom, e dysto se segue deservyço de Deus, a nossos naturais, e povo muitos dapnos, e perdas, querendo a ysto dar ordem, e regra corno se todo faça, como deve*: cumpre que cada Cidade, Villa, ou Lugar, que Foral tiver, ou em que se algumas Rendas, ou Direitos Reaees harrecadão, mande aos sobreditos *a maneira, e modo, porque se em cada Lugar sempre arecadarom, e ora arrecadão as ditas Rendas, e Direitos Reaes.* E por tanto mandamos a todallas ditas Cidades, Villas, e Lugares dos ditos nossos Regnos, que semelhantes Direitos se arrecadão, que logo na Camara da dita Villa com hos Officiaes, e homens bons della, que pera este caso sejão pertencentes, se ajuntem, e concordem todos *na maneira, e regra, e ordem, perque se as sobreditas cousas hy recadão, e levão,* e em todo o que concordarem farão escrever pelo Escrivão da Camara, e huni Tabalião da Cidade, Villa, ou Lugar, prezente o Alcaide, ou qualquer outra Pessoa, que semelhantes Direitos por nos hy levar, e assy autentico, e concertado per ambas as partes ho enviarees a nossa Côrte aos sobreditos com todolos os Foraes, Tombos, e Escripturas, que sobre ysso houver, e poderem aver; a saber os proprios de tudo, os originaes, e nom os treslados, na qual cousa ponhão grande cuidado, e dellygencia pera que se cumpra assy, porque não vyndo, ou emvyando todo isto, que dito he, nos aa sua negrigencia determinaremos a cerqua diso, o que rezom e justiça, e nosso serviço nos parecer, e mais aveerom os que o nom cumprirem, aquelle castigo que nossa mercee for; e o treslado deste nosso Mandado mandarees logo com deligencia a todalas as Cidades, Villas, he Lugares da vossa Contadoria de maneira que a todos venha logo em noticia, o que assy lhe mandamos que fação; e este ficará registado no livro vosso dos Contos. Scripta em Evora aos 22 dias de Novembro: Vicente Pires a fez de 1497". Transcrita de Meneses, *Plano de reforma... op. cit.,* p. 28-30,

Sublinhemos os passos que nos parecem mais importantes. O primeiro é aquele em que o rei enuncia os motivos da reforma. Eles são claros:

> Somos emformado que as Portagens e Direitos Reaes. de nossos Regnos se nom arrecadão, e levão por Foraes, e Titulos justos, e certos como he rezom, e dysto se segue deservyço de Deus, a nossos naturaees, e povoo muitos dapnos, e perdas, querendo a ysto dar ordem, e regra como se todo faça, como deve.

Ou seja, o rei constatou que os direitos reais se cobram arbitrariamente, sem o fundamento textual exigido pelo direito, de que resultaria quebra da justiça devida a Deus e prejuízo dos povos. Para resolver a situação, encarrega certas pessoas da sua corte – todas elas com um perfil profissional de juristas ou de custódios de documentos – de recolherem informação sistemática da "a maneira, e modo, porque se em cada Lugar sempre arecadarom, e ora arrecadão as ditas Rendas, e Direitos Reaes" ou sobre "maneira, e regra, e ordem, perque se as sobreditas cousas hy recadão, e levão". Ou seja, não são estadistas ou políticos que, refletindo sobre a majestade do rei ou a natureza dos direitos reais, proponham uma nova regra. São juristas, práticos no direito e na documentação, que, trabalhando sobre a tradição de incidência e de cobrança dos direitos do rei enviada pelos concelhos, a certifiquem e confirmem, no caso de para ela encontrarem uma base documental suficiente.

O trabalho da comissão foi orientado por três dezenas de regras, de que nos dá conta Alberto Carlos de Menezes. Reproduzimos as principais.

. que cita como fontes o Livro 19 das Vereações da Câmara do Porto, e no Livro da Chancellaria [de D. Mnauel] de 1496, fol. 43, na Torre do Tombo.

CALEIDOSCÓPIO DO ANTIGO REGIME 183

1. Onde houvesse escritura autêntica de Foral só se poderiam cobrar os direitos reais contidos no foral.

2. A posse imemorial só seria, assim, título para cobrança dos Direitos Reais, ande não houvesse Foral nem escritura autêntica. Mas, mesmo nestes casos, exigia-se que a prova da posse constasse "de Escripturas, e Tombos, e Cartorios das Câmaras, e Casas de ElRei ha cem annos, para lhe servir de Titulo".[27]

3. A posse e costume de cobrar direitos não contidos no Foral não serviriam de título para eles se cobrarem. Apenas servindo de título para levar direitos reais além do foral, quando estes fossem semelhantes aos do foral; como, por exemplo, cobrar direitos reais sobre os gêneros do mesmo tipo de outros que, segundo o foral, os pagavam, o que era frequente no caso de novas culturas.

4. Em contrapartida, o tempo imemorial tinha maior eficácia no caso da extinção de direitos, pois fazia prescrever o direito de pedir as coisas contidas no Foral, quando houvesse um uso de não as pagar.

5. Onde não houvesse foral, dava-se o foral mais benigno para os povos, que era o foral "de portagem" do tipo do de Santarém, embora se generalize a portagem a todos os lugares, mesmo que tivessem um foral em que este direito não figurasse.

6. Nos Lugares do Alentejo e Algarve que não tivessem Foral, dava-se-lhes o foral de Évora, que era só de portagem, o mesmo acontecendo nos lugares da Beira e Douro.

7. Ficavam geralmente isentos de portagem na vila e termo os moradores, vizinhos, ou não vizinhos, no que comprassem ou trouxessem para dentro da vila ou termo.

---

27 Meneses, *Plano de reforma... op. cit.*, p. 32, n° 20.

8. O direito real de passagem era limitado aos casos em que expressamente consta do foral; e, mesmo aí, abolida nos portos secos e nos portos de mar.

9. Remetia-se para as Ordenações no que respeita às penas de sangue.

10. Esclarecia-se o conteúdo em alguns direitos reais, remetendo para o disposto num foral padrão ou para o costume imemorial (direito de voz e coima, direito de anadeia ou almocrevaria, lutuosa, foros de pão e vinho levados ao celeiro, jugadas).

11. Mandava-se incluir no foral o privilégio de as terras de não serem apartadas da coroa por doação.

12. Remetia-se para a escolha do povo (!) o pagar o que diz o foral ou pagar o que se recebe sem foral.

13. Sujeitavam-se a resolução judicial todas as dúvidas que não pudessem ser esclarecidas pelas anteriores regras.[28]

Este conjunto de regras constitui uma moldura absolutamente garantista para os povos. A ponto de se admitir a força constitutiva de certos fatos quando eram favoráveis aos povos, não sendo reconhecida quando fosse favorável ao rei. É o caso da prescrição imemorial, que não vale para constituir direitos reais, mas vale para os fazer prescrever. Em geral, exige-se documento escrito para constituição de direitos reais. Ou, nos casos em que é admitida a posse imemorial, esta deve ser provada com documento autêntico pelo menos centenário. O regime de uniformização é, em geral, o mais favorável. Certos direitos, como as passagens, são considerados inextensíveis, ou mesmo abolidos em muitos casos. Introduz-se a espantosa regra de que, quando existisse divergência entre o texto do foral e as usanças, o povo escolhia o regime que preferisse. E,

---

28 Cf. *Idem, ibidem*, p. 30-33. Fontes indicadas: Livro 2 das Extravagantes da Suplicação, fol. 90; Extravagantes inéditas, de Duarte Nunes, fol. 35, e na *Dissertação histórica sobre a reforma dos Forais*, de João Pedro Ribeiro, 1812.

CALEIDOSCÓPIO DO ANTIGO REGIME 185

finalmente, estabelece-se um regime contencioso, conforme as regras de direito, para o caso de dúvidas não resolvidas.

Esse regime contencioso estava incluído no próprio processo da reforma. De fato, as determinações sobre os forais foram assentes depois de:

> Processos discutidos no foro contencioso, ouvindo-se as partes, tirando-se inquirições, e despachando-se os Feitos em Relação na Meza dos Feitos da Fazenda, assignando-se 4 dias por semana para o seu despacho, e desocupados os Ministros de qualquer outro serviço para que com toda a brevidade fossem concluídos".[29]

Tendo-se chegado a uma conclusão, admitiram-se embargos ao novo foral, sempre que os povos se sentissem lesados nos seus direitos, embargos esses julgados pelo Juiz dos Feitos da Real Fazenda.[30]

Tudo isto configura um regime pautado pelo respeito dos direitos adquiridos e das garantias judiciais que o direito comum estabelecia para a sua tutela. Ou seja, um regime que não é de modo nenhum a forma típica de se levarem a cabo reformas centralizadoras ou uniformizadoras.

Com esta reforma procurou, então, responder-se a um pedido dos povos, várias vezes formulado em cortes, no sentido de se certificarem as prestações exigidas pelos donatários e rendeiros de direitos reais. Esses abusos seriam de sempre. Mas não é de afastar a hipótese de a situação se ter tornado mais grave com o desenvolvimento do aparelho judicial letrado, muito nítido em Portugal na primeira metade do século XV. Na verdade, o direito comum, quando convenientemente lidado por juristas letrados, podia sustentar e dar uma cobertura jurídica a estes abusos. Na

---

29 Meneses, *Plano de reforma... op. cit.*, p. 7-8.

30 *Ibidem*

posse de uma sentença favorável, o abuso adquiria um título respeitável e enraizava-se no direito. Este efeito "desregulador" do direito letrado parece preocupar os primeiros reis da dinastia de Avis, que tomam várias medidas para disciplinar a interpretação da lei, evitando que a ordem jurídica tradicional ou legal fosse subvertida pelo variar das novas opiniões.[31] Alguma fonte coeva refere-se ao efeito deletério que os letrados estavam a ter no estabelecimento de confusão sobre o conteúdo dos forais.[32]

A regulação dos direitos reais nestes apertados limites não prejudicava grandemente o rei.

Por um lado, os direitos reais estavam a deixar de contar no cômputo das rendas reais. Em 1527, os almoxarifados, onde também se cobravam os direitos reais, orçavam 55% das receitas internas do reino.[33] Mas aí cobravam-se sobretudo sisas, pelo que o montante dos direitos reais era, seguramente muitíssimo menos vultuoso, quase negligenciável no conspecto das rendas da coroa.

Existem dados dispersos sobre os montantes ou percentagens dos direitos reais cobrados. Para algumas terras da Beira Baixa nos finais do século XV, existem os dados publicados por Virgínia Rau (*Para a história da população portuguesa…*, *cit.*, 23 ss.), que aqui reproduzimos, ao lado do cabeção das sisas (e. 1530), quando este é conhecido:

	Direitos reais	Cabeção das sisas
Manteigas	7 000 rs.	?
Valhelhas	10 000 rs.	40 000 rs.
Penamacor	12 400 rs.	247 000 rs.
Monsanto	13 440 rs.	196 000 rs.
Salvaterra	2 500 rs.	?
Rosmaninhal	600 rs.	63 000 rs.

31 Cf. Hespanha, *História das instituições… op. cit.*, p. 495 ss.

32 Veiga, "A reforma manuelina dos forais", *op. cit.*

33 Hespanha, *As vésperas do Leviathan… op. cit.*, p. 147.

Proença	7 000 rs.	?
Castelo Branco	37 000 rs.	?
S. Vicente	16 600 rs	160 000 rs.
Covilhã	88 600 rs.	1 017 000 rs.
Belmonte	3 600 rs.	?
Sortelha	9 000 rs.	60 000 rs.

Os valores indicados não incluem as terças dos conselhos. De qualquer modo, a desproporção entre direitos reais e sisas é enorme, apesar de muito variável. Também do século XVI é o *Caderno do rendimento das terças do Infante Dom Fernando das terras que possuía na Comarca de Lisboa e outras, tirando o couto de Leomil* (1531) (ANTT, Gavetas, Gav. 9, 10 – 3). Já do século XVII (1630) é o *Livro de toda a fazenda, e rendas do Marquês de Castelo Rodrigo* (BNL, F.G., 3377), do qual se extrai que Castelo Rodrigo (cabeção das sisas, 639 mil rs.) estava arrendada por 790 mil rs. (quantia em que se incluía 1/3 dos padroados das igrejas) e Lamegal por 410 mil rs. (incluindo os foros de duas povoações vizinhas). Lumiares rendia, uns anos pelos outros (também com foros), cerca de 180 mil rs. e Cabeceiras de Basto (cabeção das sisas, 115 mil rs.), nas mesmas condições, cerca de 270 mil rs. Estas rendas ultrapassam largamente os cabeções das sisas; no entanto, nelas se incluem outras rendas para além dos direitos reais, nomeadamente, os foros das terras do "senhorio territorial" (para empregar uma formula cômoda).

Para além terem valor diminuto, os direitos reais estavam muito frequentemente doados a senhores das terras. Na verdade um dos conteúdos naturais das doações de senhorios eram, precisamente, os direitos reais. Como escrevi noutro lado, "em geral, impostos e tributos sem afetação especial (v.g., portagens, dízimas, jugadas, quartos e oitavos, foros dos reguengos, laudêmios, lutuosas, moendas e outros direitos banais, jantares, ervagens, terrádigo, salaio, gado de vento, etc.) são doados

188 António Manuel Hespanha

genericamente e cobram-se pelo foral".[34] E, no início do século XVI, cerca de um terço das terras do reino estavam doadas a senhores.[35]

Cumpre esclarecer que nem sequer se pode dizer (como eu mesmo já insinuei[36] que a reforma manuelina dos forais esvaziou a autonomia local.

É certo que nada se diz, nos forais novos, sobre os órgãos conselhos e as suas atribuições. Nada se diz porque, dados os objetivos da reforma, nada se tinha que dizer, uma vez que a reforma visa, exclusivamente, certificar a natureza e montante dos direitos reais. Os órgãos conselhos passam a estar regulados nas *Ordenações Manuelinas*, de 1514-1521, para onde transiam as disposições antes constantes do *Regimento dos oficiais*, de 1502. E aí, como expus detidamente noutro lugar,[37] mantinham-se as mesmas prerrogativas de autonomia municipal, embora a moldura burocrática tivesse sido uniformizada.

Mas também não é esvaziada a autonomia fiscal, pois os impostos e taxas conselhas (de almotaçaria, nomeadamente) não são objeto de regulação no foral, dependendo de posturas, vereações e de outras deliberações camarárias. Realmente, os impostos conselhos não cabem no conceito de direitos reais.[38]

Tudo o que acaba de ser escrito parece aconselhar uma visão muito menos "revolucionária" da reforma manuelina dos forais, que

---

34 *Ibide*m, 400.

35 Hespanha, *As vésperas do Leviathan… op. cit.*, p. 414 ss.

36 Hespanha, *História das instituições… op. cit.*, p. 527.

37 Hespanha, *As vésperas do Leviathan… op. cit.*, p. 352 ss.

38 Sobre o âmbito dos direitos reais, v. *Ord. af.*, II, 23; *Ord. man.*, II, 15; *Ord. fil.*, II, 26; bem como os comentários às últimas (os mais importantes são Manuel Álvares Pegas, *Commentaria ad Ordinationes*, Ulysipone, 1669, tomo 7; e Francisco Coelho de Sousa Sampaio, *Preleções de direito pátrio*. Lisboa, 1793. Explicação: Hespanha, *As vésperas do Leviathan… op. cit.*, p. 492 ss.; *Idem, Portugal moderno… op. cit.*, p. 193 ss.

CALEIDOSCÓPIO DO ANTIGO REGIME   189

mais se integra na habitual política régia de garantir situações adquiridas do que numa política de construção do Estado.

Passemos, mais especificamente, ao foral manuelino de Évora.[39]

Não sendo muito interessante, o foral de Évora é um foral típico. Um típico foral "de portagem", o mais "benévolo" dos três tipos consagrados de forais, pois não continha, nem obrigações ligadas à existência de terras reguengueiras, nem direitos de jugada ou equiparados.[40] Daí que este foral, por menos opressivo, tinha sido o escolhido para ser atribuído a todas as terras algarvias, alentejanas, beirãs e durienses que não tivessem foral velho, tal como mais tarde será dado a povoações do ultramar, como Goa e Macau.

Depois de um preâmbulo em que todo o processo de elaboração dos forais novos é descrito, bem como todas as cautelas e garantias para que daí não adviesse prejuízo aos povos, entra-se na regulamentação da portagem, tema em torno do qual gira todo o foral. A portagem

> Consistia num imposto indireto devido pelas mercadorias importadas para venda na cidade ou seu termo ou vendidas para exportação do conselho. A cabana desse imposto era arrendada, e à entrada da cidade havia uma espécie de alfândega onde "na praça e em lugar público" os rendeiros da portagem ou os seus empregados tomavam conhecimento das mercadorias entradas ou saídas para as tributar.[41]

---

39 Sobre o foral manuelino de Évora, o estudo mais relevante é o de Marcello Caetano, *Os forais de Évora, op. cit.*

40 Sobre a variedade de direitos de foral, ver Nuno Monteiro, "Revolução liberal e regime senhorial. A 'questão dos forais' na conjuntura vintista". *Revista portuguesa de história*, 23 (1988), p. 143-182. Sobre os conceitos de direitos reais e reguengos, ver Hespanha, *Portugal moderno... op. cit.*, p. 183 ss.

41 Caetano, *Os forais de Évora, op. cit.*, p. 14.

Note-se em todo o caso que, não raramente – como acontece, de resto, neste foral –, a importação estava isenta de portagem, a bem da garantia de abastecimento. Era o chamado "privilégio dos mantimentos", a que se refere o foral. Depois de se enumerarem miudamente os produtos sujeitos a portagem (a que também se chamam "usagem", "costumagem" ou "passagem"), referem-se os privilégios de não se pagar este direito, privilégios que aproveitavam, em geral aos eclesiásticos, como se vê nos primeiros parágrafos do título "Privilegiados", e aos vizinhos de Évora e de outros concelhos isentos, a propósito do que se transcreve a lei da vizinhança, contida no Liv. II, tit. 30, das *Ordenações afonsinas*.[42]

Aparte a protagem, apenas se referem bervemente mais dois temas: o das penas de armas[43] e o do "gado do vento".[44]

No foral, encontram-se várias referências aos processos contenciosos de certificação dos direitos reais a que antes me referi. Fala-se de uma "sentença que ora de nos ouve", confirmando o privilégio de se não pagar portagem de certos mantimentos; uma "sentença da nossa Rolação... por direito estarem em posse per longo tempo, sem contradição", de um uso real de cobrar o direito real do gado do vento, "posto que no dito foral velho nom fosse escrito", etc.

---

42 "Mandamos aqui poer a ley, conteuda no segundo livro das nossas reformações, que falla nos ditos vizinhos como se segue". Esta frase é intrigante, porque, em 1501 tudo indica que não se tivessem ainda iniciado os trabalhos de reforma das Ordenações (cujo termo incial parece ser 1505; cf Nuno Espinosa Gomes da Silva, *História... op. cit.*, 2000, p. 291). O cotejo dos textos das *Ordenações afonsinas* (II, 30), do foral e da versão definitiva das *Ordenações manuelinas* (1521, II, 21) mostra que: (a) o texto do foral difere de qualquer dos dois outros; mas (b) mantém uma proximidade muito maior com o das *Ordenações afonsinas* (ver apêndice final).

43 Penas por porte de armas proibidas.

44 Gado que anda solto nos campos, sem pastor.

CALEIDOSCÓPIO DO ANTIGO REGIME   191

O termo final do foral é característico do que antes se disse sobre a natureza garantista dos novos forais. Na verdade, as penas cominadas por violação do foral não se dirigem aos povos que se recusem a pagar os direitos aí estabelecidos. Dirigem-se antes aos oficiais, rendeiros ou donatários que exigem, direitos que do foral não constem. "E qualquer pessoa ou pessoas de todos nossos Regnos e Senhorios, de quaisquer graao, priminencia, dinidade, estado e condiçam que sejam, que em qualquer maneira for contra este nosso foral e determinaçam que poemos por ley pera sempre desd' agora, pera em qualquer tempo que o quebrantar, per sy ou per outrem que seu carrego tenha, nom sendo rendeiro, levando portagem de cousas de que por este foral se nom deve de llevar, ou levando mayores preços e contias do que a cada cousa he ordenado. E os havemos, por esse mesmo feito, por sospensos, emquanto nossa. merce for, dos ditos direitos reaes, rendas e jurdiçõees, que de nos e da coroa de nossos Regnos em qualquer maneira teverem, nos lugares onde assi o dito forall quebrantarem, ora as ditas rendas e direitos e cousas da coroa de nossos Regnos tenham de nos, ora d'outras pesoas, ou per outra qualquer maneira" (cf. texto adiante transcrito).

Como tem sido notado,[45] o foral novo de Évora testemunha também a vida econômica local, através da previsão dos produtos que pagariam direitos de portagem.

Se entendidos na sua verdadeira dimensão e significado político é, aliás, este o principal interesse historiográfico dos forais hoje. Não carpir-se sobre eles a perda de autonomias concelhias de que eles não eram nem a carta, nem a garantia, mas regulamentos tributários locais, pelos quais o rei certificava e garantia os povos contra as exacções dos seus oficias, mas antes dos seus rendeiros, ou, antes ainda, dos seus donatários.

---

45   Cf. Caetano, *Os forais de Évora, op. cit.*, p. 14.

Apêndice

Confronto do texto do foral sobre a qualidade de vizinho com os das *Ordenações afonsinas* e *Manuelinas*

Ordenações afonsinas, II, 30

Conformando-nos ao Direito das Leis Imperiais, e à usança da Nossa Terra, ordenamos, e pomos por lei geral em todos Nossos Reinos, e Senhorio, que vizinho se entenda de cada uma Cidade, Vila ou lugar aquele, que dele for natural, ou em ele tiver alguma dignidade, ou ofício nosso, ou da Ranha minha muito amada, e prezada Mulher, ou doutro algum Senhor da terra, ou do Concelho dessa Vila, ou lugar, e seja tal, por que razoadamente possa viver, e de feito viva; e more, ou seja livre em a dita Vila, ou lugar de servidão, em que antes era posto, por ser principalmente fervo; ou seja perfilhado em ela por algum aí morador, e o perfilhamento confirmado por Nós; ca em cada um destes casos é por Direito havido por vizinho e será ainda havido por vizinho da Vila, ou lugar, onde tiver seu domicílio, ou a maior parte de todos seus bens com tenção, e vontade de ali morar.

E porque acerca deste domicílio achamos muitos desvarios entre os direitos, e usanças da terra, querendo trazer todo a boa concordância, Declaramos isto em esta guisa; a saber, que ali se entenda cada um homem ter seu domicílio, onde casar, ca em quanto aí morar depois que assim casado for, sempre será havido por vizinho; e se por ventura se daí partir, e for morar a outra parte, e depois tornar a morar ao dito lugar, onde assim casou, não será havido por vizinho; salvo morando aí por quatro anos continuadamente com sua mulher, e filhos, e fazenda, os quais acabados, Mandamos que seja havido por vizinho: e se algum se mudar com sua mulher, e toda sua fazenda, ou a maior parte dela do lugar donde era natural, ou já avia casado, para algum outro lugar, tal como este não será havido por vizinho, a menos de morar continuadamente em o dito lugar com sua mulher, e toda sua fazenda, ou a maior parte dela outros quatro anos, os quais acabados, será havido por vizinho.

E doutra aguma guisa, além dos casos em esta nova lei contudos, e declarados, nenhum não poderá ser havido por vizinho, nem gouvir de privilégio, e liberdade de vizinho, quanto a ser isento de pagar os Direitos Reais, de que por bem de alguns Forais, e Privilégios dos Reis, dados a alguns lugares, os vizinhos são isentos.

Porém nossa tenção não é, que por esta lei em aguma parte sejam tiradas as usanças antiguas de todalas Cidades, e Vilas, e lugares dos nossos Reinos, e Senhorio, por que os moradores deles aí são havidos por vizinhos, para suportar os encarregos dos Conselhos, e servidões, onde são moradores, porque quanto a esta parte tange mandamos, que se guarde suas usanças antigas, de que sempre antigamente usaram, sem outra nenhuma inovação, sem embargo desta Nossa lei.

Dante em Estremôs a vinte de Janeiro. Pay Rodrigues a fez Era de mil e quatrocentos e trinta e sete(a) anos.

Foral de Évora

Ordenamos e pomos por lei geral em todos nossos Reinos e Senhorias que vizinho se entenda, de cada uma cidade, vila ou lugar / Aquele que dele for natural, ou em ela tiver alguma dignidade ou ofício, nosso, ou da Rainha, ou doutro algum senhor da terra, ou do conselho, dessa vila ou lugar. / E seja a dito ofício tal por que razoadamente possa viver, e de feito viva e more no dito lugar; ou se, em a dita vila ou lugar, alguém for feito livre de servidão em que ante era posto, ou seja perfilhado em ela por algum aí morador, /E o perfilhamento por nós confirmado. Ca, em cada um destes casos, é por direito havido por vizinho./

E será ainda havido por vizinho da vila ou lugar onde tiver seu domicílio, ou a maior parte de todos seus bens, com tenção e vontade de ali morar.

E porque, acerca deste domicílio, achamos muitos desvarios entre os direitos e usanças da terra, querendo trazer tudo a boa concordância, declaramos isto no modo seguinte, sabede: ali se entenda cada um ter seu domicílio onde casar. / Ca, enquanto morar/ depois que assim casado for, / Sempre seja havido por vizinho. /

E se, porventura, daí se partir e for morar a outra parte com sua mulher, casa e fazenda, com tenção de o dito domicílio mudar, E depois tomar a morar ao dito lugar onde assim casou, não será havido por vizinho. Salvo morando aí por quatro anos continuadamente, com sua mulher e com toda sua fazenda, Os quais acabados, mandamos que seja havido por vizinho.

E se algum se mudar, com sua mulher e com toda sua fazenda, ou a maior parte dela, do lugar donde era vizinho para algum outro lugar, tal como este não seja havido por vizinho daquele lugar para onde novamente se for viver, a menos de morar continuadamente, com sua mulher e toda sua fazenda, ou a maior parte dela, outros quatro anos. Os quais acabados, seja havido por vizinho.

E de outra alguma guisa, alem dos casos em esta nossa lei declarados, nenhum não poderá ser havido por vizinho, nem gouvir do privilegio e liberdade de vizinho quanto a ser isento de pagar os direitos reais, de que, por bem de alguns forais e privilégios, dados a alguns lugares, os vizinhos são isentos.

Porém, nossa tenção não é que, por esta lei, sejam em alguma parte tiradas usanças antigas de toda-las cidades e vilas e lugares de nossos Reinos e Senhorios por que os moradores deles são aí havidos por vizinhos para suportar os encarregos e servidões dos conselhos onde são moradores, porque, quanto a esta parte tange, mandamos que se guardem suas usanças antigas, de que sempre antigamente usaram, sem outra alguma inovação, sem embargo desta nossa lei.

Ordenações manuelinas, II, 21

Vizinho se entende de cada uma Cidade, Vila, ou Lugar, aquele que dela, ou de seu Termo for natural, ou em ela tiver alguma dignidade, ou Ofício Nosso, ou da Ranha, ou dalgum Senhor da Terra, ou do Concelho dessa Vila, ou Lugar, e seja o dito Ofício tal, por que razoadamente possa viver, e de feito viva, e more no dito Lugar, ou seu Termo; ou se em a dita Vila, ou Lugar alguém for feito livre da servidão, em que ante era posto, ou seja perfilhado em ela por algum aí morador, e o perfilhamento confirmado por Nós; ca em cada um destes casos é por Direito havido por Vizinho.

E seja ainda havido por Vizinho (qualquer natural, ou não natural de Nossos Reinos) da Vila, ou Lugar em que casar com mulher da Terra, enquanto aí morar, ou onde tiver maior parte de seus bens, com tenção e vontade de ali morar e por ventura de aí se partir, e for morar a outra parte com sua mulher, casa, e fazenda, com tenção de mudar o domicílio, e depois tornar a morar ao dito Lugar onde assim casou, não será havido por Vizinho; salvo morando aí por quatro anos continuadamente com sua mulher, filhos, e fazenda, os quais acabados Mandamos, que seja havido por Vizinho.

E se algum se mudar com sua mulher, e com toda sua fazenda ou maior parte dela, do Lugar onde era Vizinho para algum outro Lugar, tal como este não lerá havido por Vizinho daquele Lugar, para onde novamente se for viver, a menos de morar continuadamente em o dito Lugar com sua mulher, e toda sua fazenda, ou a maior parte dela outros quatro anos, os quais acabados seja havido por Vizinho.

E doutra alguma guisa, além dos casos em esta Nossa lei declarados, nenhum poderá ser havido por Vizinho, nem gouvir dos privilégios e liberdades de Vizinho quanto a ser isento de pagar os Direitos Reais, de que por bem dalguns Forais, e privilégios dados a alguns Lugares, os Vizinhos são isentos.

E isto tudo que dito é se guardará para serem havidas por Vizinhos as pessoas sobreditas, salvo se por Foral da Terra for ordenado o contrário; porque em tal caso se guardará o conteúdo no dito Foral.

Porém nossa tenção não é, que por esta lei sejam em alguma parte tiradas as usanças antiquas de todalas Cidades, Vilas, e Lugares de Nosso Reinos, e Senhorios, por que os moradores deles são aí havidos por Vizinhos, para suportar os encarregos, e servidões dos Conselhos onde são moradores; porque quanto a esta parte tange Mandamos, que se guardem suas usanças antiquas, de que sempre antigamente usaram, sem outra alguma inovação, sem embargo desta Nossa lei.

Bibliografia

BARROS, Henrique Gama. *História da administração pública em Portugal dos sécs. XII a XV*. Lisboa, 1945-1954.

CAETANO, Marcello. *Os forais de Évora*. Évora: Ed. Gráf. Eborense, 1969.

CHORÃO, Maria José Mexia Bigotte. *Os forais de D. Manuel (1496-1520)*. Lisboa: ANTT, 1990.

COSTA, Fernando Dores. "Flutuações da fronteira de legitimidade da intervenção legislativa antissenhorial nos debates parlamentares para a revisão do decreto dos forais de 1832 (1836-1846)", sep. de *Revista Portuguesa de História*, 23, 1988.

CRUZ, António. *Forais manuelinos da cidade e termo do Porto*. Porto: Câmara Municipal, 1948.

HESPANHA, António Manuel. *As vésperas do Leviathan. Instituições e poder político. Portugal – séc. XVII*. Coimbra: Almedina, 1994.

_____. *História das instituições. Épocas medieval e moderna*. Coimbra: Almedina, 1982.

_____."O jurista e o legislador na construção da propriedade burguesa", versão polic., Lisboa, 1980, 80 p.; versão abreviada (sem aparato crítico completo), *Análise social*, 61-62 (1980), p. 211-236.

_____. *Panorama histórico da cultura jurídica europeia*. Lisboa: Europa-América, 1997.

_____. *Portugal moderno. Político e institucional*. Lisboa: Universidade Aberta.

_____. "Recomeçar a Reforma Pombalina". *Revista de direito e estudos sociais*, Coimbra, 19 (1972), p. 5-34.

LOBÃO, Manuel de Almeida e Sousa de. *Discurso jurídico, histórico e crítico sobre os direitos dominicaes.* Lisboa: ed. cons., 1819.

MATTOSO, José (dir.). *História de Portugal.* Vol. III – No alvorecer da modernidade (coord. por Romero de Magalhães). Lisboa: Círculo de Leitores, 1993.

MENESES, Alberto Carlos. *Plano de reforma de foraes e direitos bannaes nos bens da Coroa.* Lisboa, 1825.

MONTEIRO, Nuno Gonçalo. "Lavradores, frades e forais: revolução liberal e regime senhorial na Comarca de Alcobaça (1820-1824)", sep. da rev. *Ler História*, 1985.

_____. "Revolução liberal e regime senhorial. A 'questão dos forais' na conjuntura vintista". *Revista Portuguesa de História*, 23 (1988), p. 143-182.

OLIVEIRA, César de. *História dos municípios e do poder local (dos finais da Idade Média à União Europeia).* Lisboa: Círculo de Leitores, 1995.

RIBEIRO, João Pedro. *Dissertação histórica sobre a reforma dos forais.* Lisboa, 1825.

SILVA, Nuno Espinosa Gomes da. *História do direito português. Fontes de direito.* Lisboa: Gulbenkian, 2000.

THOMAS, Manuel Fernandes. *Observações sobre o discurso que escreveu Manoel d'Almeida e Sousa em favor dos direitos dominicaes da Coroa, donatários e particulares.* Lisboa, 1814.

VEIGA, Carlos Margaça. "A reforma manuelina dos forais". In: VENTURA, Margarida Garcez. *O foral da Ericeira no Arquivo-Museu.* Lisboa: Ed. Colibri, 1993, p. 31-56.

Serviço, mercê e salário: uma nota com base na doutrina jurídica seicentista[1]

---

1 Com base em Baptista Fragoso (1559-1639), *Regimen reipublicae christianae, ex sacra theologia, et ex vtroque iure ad vtrumque forum tam internum, quàm externum coalescens, in tres partes diuisum* […], Lugduni, sumpt. Haered. Gabr. Boissat, & Laurentij Anisson, 1641. Citam-se as p. (p. e numeram árabe; ou só a numeração); e, por vezes, a pars (p. e numeração romana), a quaesto (q.) e o número (n.).

O CONCEITO DE "SERVIÇO", correlativo ao de *mercê,* é central no vo-
cabulário de das monarquias beneficiais. Esta nota destina-se a esclarecer um pouco o tema. Faço-o aqui, com base na lição de um dos
melhores tratadistas portugueses dos finais do século XVI, mas cuja
obra é amplamente usada nos séculos seguintes.

Num dos extremos da valorização social dos serviços estavam os
dos servos ou escravos.

Típico das obrigações de serviços dos escravos é seu caráter absoluto, ou seja, o fato de que não tinham limites nem medida (a não
ser os que decorrem dos princípios da humanidade) nem importa-
vam remuneração.

O imaginário dos serviços servis comunicava-se a outros serviços, caracterizados por uma grande desproporção entre o servidor e
o amo ou por deveres de absoluta obediência.

Do primeiro tipo era o caso dos serviços devidos a Deus,
ou aos homens por imperativo divino. Assim, o Papa designava-
-se a si mesmo como servo dos servos de Deus (*servus servorum
Dei*), expressando assim seu absoluta disponibilidade para servir
a Deus, servindo os fiéis. Todavia, no domínio da administração

eclesiástica, os ofícios monásticos, exercidos sob a mais completa obediência ao abade, eram como que serviços servis, dependentes do poder arbitrário (*manus*) do superior. Nisto consistia, justamente, a sua *manualitas*.[1] Meramente fundado, não na natureza, mas antes num pacto, ainda que estritamente devido, em termos jurídicos, era o serviço prometido num contrato de trabalho mercenário (*locatio conductio operarum*, aluguel de serviços). O caso típico era o dos serviços dos trabalhadores braçais domésticos, campones ou industriais (*famuli*), remunerados mediante um pagamento (*merces*). O caráter puramente mercenário destes serviços não excluía alguma dependência pessoal entre criado e amo, que explicava certos deveres mútuos de patronato e de fidelidade. O amo devia cuidar dos criados, designadamente em matéria espiritual e religiosa; e estes deviam ao amo alguns sinais de deferência.

No serviço mercenário, as pretensões das duas partes (ao trabalho e ao pagamento) são estritos deveres de direito positivo, cujos conteúdos – lugar e tempo dos serviços, montante do estipêndio – estão fixados no contrato.[2] Ainda que, em certos casos, os deveres do amo permaneçam bastante fluidos, dependentes de um sentido quase moral do devido. Assim, no caso de rapazes ou moças jovens, como os pajens, que, em Portugal e em Espanha, servem sem salário, somente pelo comer, os vestidos e a boa educação.[3] O mesmo se passa com os criados dos professores ou estudantes, que serviam pelo calçado e os vestidos,[4] com os criados cantores ou músicos.[5] Ou, em

---

1   Cf. Fragoso, 1641, III, p. 854, § 12.

2   Cf. Fragoso, 1641, III, p. 648, nº 104 ss.

3   Cf. *Ord. fil.*, IV, 31, 5; Fragoso, 1641, III, p. 648, nº 109.

4   *Ibidem*, nº 110.

5   *Ibidem*, nº 113.

CALEIDOSCÓPIO DO ANTIGO REGIME   203

geral, com os que fossem recebidos a seu pedido, para viver em casa, sem salário, só "pelo cômodo".[6]

Além de do contrato de prestação de serviços (*locatio conductio operarum*), outros contratos produziam obrigações colaterais de serviços. Tal era o caso da enfiteuse, contrato pelo qual o proprietário direto de uma terra concedia vitaliciamente seu uso a outro (enfiteuta), mediante o pagamento de uma pensão ou cânon. Aqui, além de do pagamento do cânon, o enfiteuta devia serviços pessoais ao proprietário direto do prédio: certos dias de trabalho (*geiras*).[7] Mas, ao contrário do que passa com os serviços pessoais dos vassalos, estas obrigações estão fixadas na lei ou nos costumes.

A prestação de serviços mercenários produz uma certa indignificação, constituindo o grau mais baixo do serviço do homem livre. Apesar deste tom negativo, a natureza de alguns serviços poderiam originar uma dignificação do trabalho mercenário.

Assim, no caso de prestação, não de serviços corporais ou vis, mas antes de uma arte liberal (como o direito ou a medicina) ou de serviços militares. Neste caso, ainda que o regime da retribuição fosse essencialmente idêntico – designadamente quanto ao fato de que se configurava como um direito verdadeiro e próprio do serviente –, falava-se preferentemente de "salário" (*salarium*, a soma paga aos soldados) ou de "honorários" (pela alusão à *honra* correspondente à dignidade dos serviços prestados).

Distintos destes serviços estrita e unicamente devidos em função do direito positivo são aqueles que, ainda que, no rigor do direito positivo, possam não ser exigíveis, cada uno tem que prestar por obrigações naturais ou sobrenaturais.

---

6   *Ibidem*, nº 107.

7   Cf. Fragoso, 1641, III, p. 335 ss.

Desde logo, no domínio das obrigações domésticas, os serviços dos filhos. Ao descrever as obrigações dos filhos, Baptista Fragoso explica:

> O filho que trabalha nas coisas do pai, estando sob a *patria potestas*, não tem direito a salário; de outro modo não se distinguiria de um estranho, que não trabalha sem salário [...] A razão é que não se considera que o filho sirva seu pai por salário, mas antes pelo amor, devendo obsequio ao pai.[8]

Trata-se, assim, de uma obrigação de direito estrito, fundada, no entanto, em deveres naturais, designadamente no amor filial.

Tal como a obrigação do servo, não comportava nenhum elemento de liberalidade, pois aos pais (como aos senhores) tudo se lhes deve. Assim, o pai não tem porque ficar grato ao filho ou ao criado ou servo, nem porque remunerar com galardões os seus "obséquios".

Também os serviços para com Deus ou exigidos pela lei divina (culto a Deus, ofícios eclesiais, ajuda caritativo) são essencialmente devidos num plano distinto do direito positivo.

Trata-se, em tudo caso, de serviços que encerram paradoxo a que voltaremos a encontrar. Por um lado, tratava-se de serviços *devidos*, no plano da lei de Deus. Mas, por outro, para serem meritórios, deviam decorrer de um ato *livre e gratuito* da vontade. Só assim, como livres e gratuitos, seriam aceites por Deus e, a seu tempo e segundo Seu arbítrio, um dia recompensados. Assim, a esperança mesma desta recompensa sobrenatural deveria excluir qualquer pagamento neste mundo. Mas o caráter profissional com que alguns destes serviços são desempenhados obriga a considerar um meio de sustentação para os que os servem. A imagem dos

---

8 *Ibidem*, 648, n° 117 e 118.

CALEIDOSCÓPIO DO ANTIGO REGIME   205

trabalhadores que lavram a vinha do Senhor convida a uma importação do conceito de trabalho mercenário ("Cada um recebe a sua
merces segundo o seu trabalho; é que somos auxiliares de Deus").[9]
Mas o modelo de retribuição encontrado para assegurar o sustento
destes servidores tinha que poder combinar a gratuidade do serviço
com a regularidade do pagamento.

O modelo do *beneficium* realizava bem este desiderato. A sua
renda não constituía rigorosamente um pagamento do *offícium*; era
um benefício independente, ainda que relacionado com o exercício
de certa função.

A dignidade do *officium* refletia-se nos requisitos exigidos aos
seus titulares: infames, ilegítimos, cegos, disformes, surdos, gigantes
ou anões, epilépticos, loucos ou leprosos, não podiam ser providos em
ofícios eclesiásticos, nem aproveitar, portanto, dos correspondentes
benefícios.[10] Enquanto que o caráter público, por dizer assim, das suas
funções fazia com que a sua concessão não estivesse no arbítrio do
concedente, que não o podia atribuir por critérios particulares (por
exemplo, contra dinheiro ou por considerações pessoais – *simonia*).[11]

Participando, também, deste carácter paradoxal de algo que é,
ao mesmo tempo, devido e gratuito estava o serviço feudal.

A tratadística moderna define o feudo como "concessão de coisa imóvel ou equivalente, com transmissão do domínio útil, retida
a propriedade, sob o dever de fidelidade e de prestação de serviços
pessoais".[12] Nos termos da relação feudal, os vassalos devem servir
fielmente, com seu *auxilium* e *consilium*. No entanto, este dever era
indeterminado e eventual. A sua concretização dependia tanto dos

---

9   *Ibidem*, p. I, 384, nº 46.

10 *Ibidem*, p. II, 663, § 2, ns. 1 ss.

11 *Ibidem*, ns. 4/5.

12 *Ibidem*, III, p. 487, § 2, nº 1.

pedidos do senhor como da disponibilidade do vassalo para servir. De facto, o que era exigível era, antes de tudo, esta disponibilidade abstrata – a que se chamava "fidelidade" (juramento: "Ego juro ad haec Evangelia Dei, quod a modo in antea ero fidelis Tibi, sicut debet esse vassalus domino; nec id, quod mihi sub nomine fidelitatis commisserit Dominus, pandam alii ad eius detrimentum me sciente"),[13] – e não, como no serviço mercenário, serviços concretos. Fragoso exprime bem esta ideia ao afirmar: "Penso que o serviço a prestar ao senhor ou é certo ou incerto. Mas, se for concedido por serviço certo, o feudo é impróprio, pois é da natureza do feudo que o serviço seja incerto".[14] Ou ainda:

> A fidelidade faz parte da mesma substância do feudo (André de Isernia), não podendo ser dispensada [...] se, em lugar da fidelidade, se estabelecer o pagamento de um censo anual, o contrato ganha o aspecto de enfiteuse... pois se se der dinheiro é mais venda do que feudo.[15]

Daí que o ato de concretizar as obrigações feudais mude a natureza da relação: "se o feudo é concedido contra pensão anual é mais um contrato enfitêutico que um contrato feudal".[16]

Além de indeterminado, o serviço feudal é tendencialmente total, como o dos filhos. Os vassalos têm que ajudar o senhor pobre, assim como têm que comparticipar no dote das filhas, bem como carecem de seu licença para chamar o senhor a juízo, pois, como diz a Glosa, "o vassalo equipara-se ao filho".[17] Ao mesmo tempo, o

---

13 *Ibidem*, III, §4, p. 490, n° 1.

14 *Ibidem*, III, p. 488, n° 8.

15 *Ibidem*, III, 489.

16 *Ibidem*, 488, n° 10.

17 *Ibidem*, III, p. 517, n° 37; p. 516, n° 36; p. 519, n° 47.

CALEIDOSCÓPIO DO ANTIGO REGIME   207

serviço dos vassalos é exclusivo, pois a fidelidade é tendencialmente indivisível: o vassalo não pode ter mais que um senhor;[18] não pode contrair amizade com um inimigo do senhor, ainda que a este não advenha prejuízo desta segunda amizade.[19]

Como nos serviços a Deus, a prestação revestia aqui um caráter gratuito e livre que era o próprio sinal do seu caráter nobre. Correspondentemente, pagá-la, como se pagava o serviço dos servos ou criados, era degradá-lo, tirar-lhe o seu caráter liberal, transformando-o em servil.

Assim, o pagamento tinha que ter uma natureza devida (pela ordem da gratidão) mas, ao mesmo tempo, liberal, incerta e eventual. Não podia ser rigorosamente uma retribuição, mas antes uma quaser-retribuição, virtual mas não realmente exigível. A concessão feudal, tal como a concessão beneficiai conexa com os ofícios eclesiásticos, era, assim, um ato liberal, de benevolência "O feudo" – escreve Fragoso – "consiste num benefício, pois procede de benevolência e cria alegria no que aceita; também se chama benefício porque contém muito de graça, ainda que não seja totalmente gratuito; daí que o feudo seja uma espécie de benefício, ainda que não adquirido por dinheiro mas antes por honra e amor do senhor" ("não tamem sub praetextu pecuniae, sed ex honore et amore domini acquirendum est").[20]

Ainda que se trate de um contrato feudal, mais expressiva seria a ideia de descrever a relação feudal como um cruzamento de atos recíprocos, ambos liberais e graciosos. Toda a doutrina das mercês, tal como a doutrina das doações beneficiais de senhores a vassalos (como as doações de bens da corona para recompensar serviços passados ou futuros) repousa, de novo, sobre este paradoxo.

---

18   *Ibidem*, p. 518, nº 41.

19   *Ibidem*, p. 517, nº 39.

20   *Ibidem*, III, p. 488, nº 5.

Certos traços deste regime comunicam-se a outros ofícios, como os ofícios da república.

Também aqui, valia, até certo ponto, a ideia de que se tratava de funções devidas. Não, agora, para com Deus, mas antes para com a coisa pública, em que todos participavam, ou para com os seus responsáveis máximos. Porém, aqui era menos geral a ideia de gratuidade.

Certos ofícios públicos, os exercidos sem caráter profissional e quotidiano, participavam do imaginário do serviço religioso, combinado com o imaginário do serviço feudal. Ainda que em geral devidos, tinham como característica fundamental a gratuidade. A sua prestação estava, neste sentido, dependente do mérito, do valor e de um nobre espírito de serviço, semelhante à disponibilidade dos crentes para o serviço de Deus ou dos vassalos para o serviço nobre de seu senhor. Logo, a sua remuneração não era estritamente devida, como o salário dos ofícios mercenários, mas antes "esperada" da liberalidade do príncipe. Porém, esperada com tanta força que a expectativa correspondente chegou a a chamar-se "ação", pois dava lugar a um direito accionável em juízo. A que correspondia um quase dever do príncipe a retribuir com mercês os serviços dos beneméritos da república.

Outros ofícios públicos, no entanto, escapavam a esta lógica. Designadamente aqueles que eram desempenhados continuamente, com caráter profissional, como era o caso dos oficiais ordinários da república. Citando uma decretal de Gregório IX, Baptista Fragoso[21] pondera que "é justo que recebam o seu pagamento aqueles que prestam o seu serviço por certo tempo [*i.e.*, com caráter de regularidade]... De onde os oficiais do reino deverem ter um salário, pois aborrece desempenhar ofícios laboriosos e cargos da república (mas não já ofícios retribuídos); e porque um ofício a ninguém deve trazer um dano. De facto, as leis não suportam que os que trabalham vivam na pobreza

---

21 *Ibidem*, I, p. 386, n° 55.

CALEIDOSCÓPIO DO ANTIGO REGIME   209

ou a ansiedade". Ora este pagamento não deveria, em alguns dos casos – como o dos ofícios de justiça –, ser pagado pelas partes, já que o príncipe era obrigado a prestar gratuitamente a justiça. De onde o estipêndio deveria estar a cargo do príncipe.

Em tudo caso, este pagamento regular mediante salário não isentava o príncipe de outros deveres de remuneração em relação a estes oficiais. O fato que estes serviam com o salário costumado, ou mesmo que tivessem pedido os ofícios, não anulava a componente liberal dos seus serviços – que consistia no seu disponibilidade para servir a república. Assim, além de dos salários estritamente devidos, o príncipe devia remunerar com mercês justas os oficiais que servissem bem.[22]

A gratuidade da justiça impedia, além de, que os juízes recebessem ofertas das partes. Os seus serviços eram prestados à república; não às partes. Se estas pagassem algo, como que privatizariam a função judicial. E o juiz venderia seu missão, fazendo como que sua uma coisa (*facere litem suam*) que era de todos. Para ele, esta "venda" de função pública estaria muito próxima da simonia, ou venda de funções sagradas. Ainda que este dever de servir os povos, fazendo justiça, contra o salário pagado pelo príncipe, não excluísse a possibilidade de receber algo diretamente das mãos das partes, desde que não tivesse nem pacto de favorecimento nem escândalo público.[23]

O fato de estes ofícios públicos serem como que um sacerdócio, se não foi suficiente para lhes estender o regime da remuneração beneficial, como nos ofícios eclesiásticos, fui pelo menos bastante para aplicar à sua concessão alguns princípios da concessão dos benefícios Por um lado, a exigência de particulares qualidades morais: *sufficiens scientia* ("se não tiver ciência, a menos que tenha assessores

22 *Ibidem*, I, p. 648, nº 196.

23 *Ibidem*, I, p. 385, nº 56; p. 391, nº 80.

peritos que consulte, faz sua a lide e, se julgar mal, fica obrigado a resarcir as partes lesadas"), *timor Dei*, pureza de mente e manos.[24]

Baptista Fragoso[25] desenvolve um completo discurso sobre o tema, que é interessante seguir. Existem, naturalmente, razões, digamos, práticas em contra da venda de ofícios.

> Aqueles que compram ofícios da república, não os exercem a favor da república, como a razão postula, mas antes para sua vantagem, de modo a recuperar o dinheiro dado e com juros. E, assim, admitem frequentemente muitas coisas injustas e fazem a justiça venal. Além de que mal vão as coisas, quando se faz por dinheiro o que se deve fazer por virtude.[26]

Esta última consideração já introduz o núcleo da argumentação, relacionado com a mesma natureza do débito destes serviços.

> Os ofícios seculares não podem ser vendidos na medida em que são obrigações para com certas funções [...] e em que têm um justo estipendio. Já o poderiam ser na medida em que têm certa eminência e ocasião de lucrar, envolvendo o estipêndio um excesso sobre o débito. Em todo o caso, não se pode vender um ofício em que se está obrigado a certas funções, pois ninguém pode vender uma obrigação à qual está adstrito. Como ninguém me pode vender uma obrigação à qual estou adstrito; como não se me pode vender um justo estipêndio ou direito a ele, pois este é um débito de justiça em relação à pessoa que aceita esse ónus. Já outros ofícios, que incluem

---

24 *Ibidem*, I, p. 42, ns. 144 ss.

25 *Ibidem*, p. I, p. 38, ns. 121 ss.

26 *Ibidem*, p. 40.

CALEIDOSCÓPIO DO ANTIGO REGIME 211

em si alguma eminência e ocasião de lucrar, como
são coisas que podem ser avaliadas e seculares, podem ser vendidos pelo príncipe.[27]

O centro da argumentação está, portanto, no caráter naturalmente devido (para com a república) dos serviços do oficial.
A venda de uma coisa (a função) que não é própria é impossível.
Como é impossível a venda dos seus réditos, pois estes correspondem exatamente (justamente) à função. Daí, as proibições de
ventas de ofícios contendo administração de justiça,[28] ainda que
se opinasse que estas proibições podiam ser dispensadas por licença (graça) régia e se constatassem abusos frequentes na matéria
(em Portugal, há testemunhos de que alguma vez se teriam ven-
dido ofícios, mesmo em leilão, mesmo sendo vivos os titulares.[29]

Já nos casos em que estes excedam a retribuição, incluindo alguma oportunidade suplementar de lucro, a venda pode ter lugar.
É o caso, como veremos, de outros ofícios públicos, em que a retribuição no está tão rigidamente fixada, assumindo parcialmente a
natureza de um ganho puramente patrimonial. É o caso dos ofícios
de escrivães e tabeliães.

Sobre os ofícios de notário pesava todavia a memória de um
período em que estes ofícios eram desempenhados por servos públicos, encarregados de certos "ministérios" (mesteres) ou ofícios
da república (*servi ministeriais*). Mas, sobretudo, estes ofícios não
só não incluíam a administração da justiça como satisfaziam necessidades meramente particulares, ainda que frequentemente re-
lacionadas com assuntos de justiça. Por isso, o serviço de escrivães

---

27 *Ibidem*, nº 123.

28 Pio V, 1571; *Ord. fil.*, I, 95.

29 p. 40, nº 123.

e notários era fortemente atraído pelo imaginário dos serviços mercenários. Uma espécie de *locatio conductio* de trabalho (a escrita de documentos) que só se distinguia pelo facto de que produzia certos efeitos de especial dignidade e autoridade pública, como a fé pública dos documentos que redigissem.

O caráter público destas funções importava certas consequencias. Os notários não podiam recusar os seus serviços a ninguém;[30] não podiam violar as regras da verdade; não podiam exigir mais salário que os estipulados na lei; não deviam aceitar ofertas das partes;[31] não podia ser infame.[32] Mas a semelhança com os ofícios mercenários levava a que ofícios e réditos fossem considerados como privados para uma série importante de efeitos. Assim, uns e outros integravam-se no patrimônio do titular e, consequentemente, podiam ser vendidos, arrendados (dados em "serventia"), herdados pelos filhos.

Alguns lugares doutrinais seletos

> Baptista Fagoso (1559-1639), *Regimen reipublicae christianae, ex sacra theologia, et ex vtroque iure ad vtrumque forum tam internum, quàm externum coalescens, in tres partes diuisum* [...], Lugduni, sumpt. Haered. Gabr. Boissat, & Laurentij Anisson, 1641.
> **Oficium (salarium)**, "Diz o Papa Gregório, *in cap. charitatem, in fin. 12, qu. 2*: «Justum namque est ut illi consequantur stipendium qui pro tempore suum commodare reperiuntur» (É que é justo que recebam

---

30 *Ibidem*, I, p. 662, ns. 271 ss.

31 *Ibidem*, n° 290.

32 *Ibidem*, ns. 294 s.

um pagamento aqueles que se considera que prestam o seu serviço por certo tempo)", p. I, pg. 386, n° 55.

"o príncipe deve pagar do seu fisco aos oficiais pois o príncipe deve tornar a justiça gratuita aos povos", p. I, p. 384, n° 47; isto pode ser excluído por antiquíssimo costume em contrário, como se diz existir em Nápoles, n° 47.

"também os bispos e prelados devem sustentar do seu os oficiais", *ibidem*, n° 48.

"o juiz, tabelião ou outros oficiais, se tiverem mais trabalho a expedir o negócio, podem aceitar uma quantia módica, desde que não haja escândalo, a lei não o proíba ou não venha detrimento a outras partes que não tenham pagamento", *ibidem*, 56.

"[como se pagam os salários], *ibidem*, p., I, 387 ss. (em Portugal, pagam-se por quartéis, de três em três meses), *ibidem*, p., I, 388, n° 66.

"[devem-se salários ao criado doente ?", *ibidem*, 389, n° 70 ss. (a prática era no sentido afirmativo).

"os juízes eclesiásticos não podem aceitar espórtulas, sobretudo se têm réditos das suas Igrejas [...]; por costume recebido, os juízes ordinários podem aceitar espórtulas", *ibidem*, n° 80.

"em Portugal: OF,I,97: são devidas espórtulas aos senadores nomeados pelo rei pelo Rei ou escolhidos pelas partes para o conhecimento de certa causa, ou a quem certa causa for cometida; mas não já nas causas ordinárias; casos em que as espórtulas são de receber, por direito português", n° 87.

Officia publica, an possint vendi (Se se podem vender ofícios), *ibidem*, p. I, 38, ns. 121 ss.

"não, porque são de direito público"; "ou em virtude do prejuízo da república, pois quem vende um ofício por dinheiro, parece ter virtualmente uma intenção de prejudicar a república, lucrando indevidamente", *ibidem*, 121.

"Outra razão: são vendidos aos pobres e a outros que são inúteis para exercer os ofícios e como o maior número é o dos piores, que nada têm ante os olhos senão enriquecer, estes são indignos dos ofícios e deveriam ser exilados por causa da ambição, como escreve Bártolo,", *ibidem*, n° 121.

"vender as funções públicas é indecoroso, pois quem vende magistraturas costuma vender a justiça" *ibidem*, 121.

"em Portugal, segundo dizem Jorge de Cabedo e Manuel Barbos: viu-se frequentemente vender ofícios em hasta pública, mesmo em vida dos oficiais [seus titulares], *ibidem*, 123; "permite-se a venda com licença do rei, OF, I, 95; as penas de OF, II, 46 só intervêm quando se deu a trasmissão do ofício sem licença régia", *ibidem*.

"bula de Pio V, de 1571, contra os que compram e vendem ofícios e dignidades que contivessem a administração da justiça, p. 40, n° 130 [...]; esta bula de Pio V – que só vale nas terras da Igreja, já que a proibição de vender não é de direito divino – não abrange os ofícios que consistem no mero exercício e ministério, como são os de tabelião e notário, e outros semelhantes; que portanto se podem vender, obtida a licença do rei, por moderado preço e a pessoa idónea", *ibidem*, 131.

"já dos ofícios que contêm jurisdição, venda é mais grave, pois põe em risco todo o direito. [Tomás Vio] Caietano e Baldo pronunciam-se afirmativamente quanto ao príncipe os poder vender. Mas falam especulativa e metafisicamente; já moralmente não podem", *ibidem*, 132.

"já os ofícios eclesiásticos, não podem ser vendidos de nenhum modo, pois a sua venda sabe a simonia; isto estende-se aos ofícios dos notários e semelhantes pois estão próximos do espiritual, pelo que parece que a sua venda tem o labéu de simonia, o que se deve temer, *ibidem*, 134.

"Caietanus diz que os reis não são obrigados a dar os ofícios aos mais dignos, pois não se obrigaram a reger a república o melhor que podem, mas a regê-la bem", *ibidem*, p. 41, nº 137; mas pecam se elegerem indignos ou ineptos, pelos perigos e danos que daí decorrem, *ibidem*, nº 139.

"o príncipe que prefere o digno ao mais digno peca mortalmente, pela injúrio feita ao mais digno que tem direito mais forte. Peca contra a justiça distributiva e contra a fidelidade devida à república, pois está obrigado a preferir os ministros mais dignos, tanto quanto o possa fazer, aos menos dignos, *ibidem*, nº 142; tal como peca o ecônomo que contrata para trabalhar nas coisas do seu patrão os amigos ou familiares preterindo os operários mais úteis, que mais lhe podiam aproveitar" *ibidem*, nº 142.

"requisitos que o que aceita ofício deve ter: sufficiens scientia (si non habeat scientiam, nisi habeat assessores iuris peritos, quos consulat, aliter facit litem suam, & male judicando subit onus resarciendi parti laese interesse"), "debere esse potentes, id est sapienta, atque industria", timor Dei (habeantque rectam intentionem in administrando officio, nec sint vitii impuri, ita ut aliis sacndalum inferant", isento de pecado público e escandaloso, pureza de mente e mãos, *ibidem*, p. 42, 144 ss.

Os oficiais do património real (i.e., da fazenda): "não devem negociar com o dinheiro do imperador, nem mesmo para ocorrer às necessidades públicas, sem mandato do rei, *ibidem*, p., I, 842, ns. 1 a 3; também não pode usar o dinheiro do príncipe para outros usos, mesmo do príncipe", n° 3; "devem receber e pagar em seus tempos", ns. 5-6.

Benefícios, *ibidem*, II, p. 655.

"originariamente, o poder de conceder benefícios foi conferido por Cristo ao Papa; com o decorrer do tempo, estas prerrogativas são apropriadas pelos bispos que, de direito comum, têm uma presunção (fundata intentio) acerca da concessão de todos os benefícios", *ibidem*, n° 2.

"a concessão era da competência conjunta do Papa e dos bispos em todos os meses, seguindo a regra da prevenção, n° 3; mesmo hoje, esta regra vale, conservando o Papa a faculdade de prover ofícios mesmo nos meses do Ordinário, prevalecendo sobre uma provisão contemporânea do Ordinário", *ibidem*, ns. ¾.

"com o tempo, porém, para evitar a confusão e ansiedade, introduziu-se a regra de que os bispos tinham 6 meses (intercalados) para prover os ofícios, embora cumulativamente com a faculdade papal, nº 5; alternativa dos bispos, nos meses pares", *ibidem*, nº 5 (cf. adiante, p. 672, § IV).

"o ordinário não pode conceder benefícios sem o concurso estabelecido pelo conc. de Trento, sess. 24, cap. 18, constando de um exame formal", *ibidem*, nº 8.; "não pode conceder benefícios que vaguem junto da Santa Sé", *ibidem*, nº 11;"não pode conceder ofícios vagos pelo crime de heresia", *ibidem*, nº 13; "não pode conceder ofícios vagos *sede vacante*", nº 14; "não se admitem as renúncias a favorde alguém", *ibidem*, 44

A quem podem ser concedidos benefícios, *ibidem*, p. II, 663, § 2, ns. 1 ss.

"o bispo pode conceder ofícios a seus consanguíneos idôneos, desde que o não faça com escândalo; apenas não lhes pode conceder os ofícios renunciados em suas mãos, nº 2; isto não é simonia, pois embora exista favor humano, não existe pacto nem beneficiação do concedente", *ibidem*, ns. 4-5; "o ilegítimo(v.g., filho de eclesiástico) apenas pode ser promovido em benefícios simples (tal como em ordens menores)", *ibidem*; "o cego do olho esquerdo, ou totalmente cego não pode ser provido em ofícios eclesiásticos", *ibidem*, nº 5; "o mesmo, aquele que tenha deformidade na face (lábios, nariz)", *ibidem*, 6; "os surdos e surdos mudos, mas não os que não tenham orelhas, já que estas não são membros", *ibidem*, 7; "aquele a que falta mão, polegar ou indicador", 8; "o que não se pode ter de pé", *ibidem*, 8; "o hermafrodita (ou são mulheres ou não são homens perfeitos)", *ibidem* 9; "os gigantes ou anões", *ibidem*, 10; "os que não aguentam o vinho", *ibidem*, 13; "os leprosos, etc.", *ibidem*, 11.

Se os ofícios devem ser perpétuos ("Officia an perpetua esse debent, *ibidem*, p., I, 267).

"dizia Diodoro Sículo que os príncipes não devem mudar os oficiais, mas antes subir-lhes os salários. Pois os que desempenham de forma diligente são de agraciar, não apenas com palavras, mas com benefícios, pois os engenhos dos homens crescem com os favores (Sêneca)", *ibidem*, 52; "da mudança dos oficiais segue-se transtrono à república", 52; "O Imperador Tibério comparava os oficiais às moscas, defendendo que era melhor manter os já ricos do que substituí-los por outros famintos", n° 53; "os velhos são peritos e experientes", 53.

"a favor da opinião contrária [sobre a estabilidade dos oficiais]: se se serve por pouco tempo, não há tempo para maquinações, nem par criar tiranias (Aristoteles, *Politicorum*, 5, 6; S. [São] Tomas, *De regimine Principum*, IV, 12 e 18; é perigoso e causa de sedição manter magistrados, ainda que excelentes, perpetuamente, 59; "na Hispânia e Lusitânia: corregedores, governadores, magistrados encarregados da justiça, vereadores, são temporários", *ibidem*, 61; "os magistrados sem termo fixo costumam tornar-se insolentes e tiranos, Arist., II *Politicorum*".

Salarium, p., I, 648, n° 1955

"deve dizer-se que aqueles que aceitam ofícios por sugestão do príncipe ou da República são obrigados a tal, para não considerar indignos tais ofícios; o mesmo se digna dos que aceitam ofícios com um baixo salário; de fato é justo que o salário se equipare aos trabalhos e encargos do ofício, São Tomás, [*Suma theologica*], 2.2. q. 77, a. 1" "o salário dos oficiais deve ser justo, considerado aquilo que se requer para a qualidade e estado do ofício (que hoje sobe continuamente)", *ibidem*, 197.

"o servo pode compensar-se com os bens do senhor, no caso de o salário ser exíguo, desde que a isso o autorize o prudente arbítrio do julgador, nomeadamente quando estava implícita uma gratificação para além do salário, pelo bom desempenho; ou quando se ajustou um preço inferior ao justo", *ibidem*, 199.

"se o salário for insuficiente, os oficiais públicos podem aceitar algo das pessoas que deles tiram utilidade, pois os oficiais públicos, uma vez tendo aceitado os ofícios, não estão obrigados a renunciar a eles [se não estiverem contentes]", *ibidem*, 201.

"o salário deve ser estimado, não pela necessidade do oficial, mas pelas obras e serviços que o ofício importa", *ibidem*, 201.

"o oficial pode aceitar retribuição extra pelo aumento dos preços e abundância da moeda, não por autoridade própria, mas ouvido o confessor e o conselho timorato e prudente, 201. Mas só se o aumento [do custo de vida] for superveniente, *ibidem*, 202.

"o médico assalariado, *ibidem*, 208; responsabilidade pelos erros, *ibidem*, 209 (são responsáveis pela *culpa lata* [grave]).

"o que se diz deste (médico salariado pelo público), diz-se de qualquer outro artífice que trabalhe por indústria ou perícia, 210; se trabalha contra pagamento, são responsáveis por culpa leve, *ibidem*, 210.

"Notários, 662.

"são servos públicos, nº 271; respondem por dolo e *culpa lata*, e também por negligência, devendo ressarcir os prejuízos com o próprio patrimônio, *ibidem*, 273.

"nada pode receber por aquilo em relação a que não se pode receber preço (nomeadamente, tendo salário taxado), *ibidem*, 290; mas pode receber ofertas, depois de confeccionado o instrumento, 290, pois já não promana de ambição mas de pura oferta, desde que não tenha havido promessa anterior; isto tal como os juízes podem receber ofertas, finda a sua função, desde que não tenha havido promessas anteriores, 290; de qualquer modo, e apesar de ser usual, é mais racional e conforme com o direito, que se abstenham espontaneamente destas ofertas, para que a justiça não corra riscos nem se faça venal", *ibidem*, 290.

"o notário não deve ser infame, antes devendo ser escolhido entre livres, leigos e maiores, *maxime* entre criados do rei (I,96,2). Daí que os notários sejam nobres, 294; segundo Martins da Costa, os notários são tidos como nobres, por uso recebido e costume (*maxime*, os notários do rei), *ibidem*, 294; "conclui-se que os infames não podem ser notários, porque este ofício foi inventado como público para a comprovação da verdade, sendo da sua fiabilidade que está dependente todo o peso das causas, dos contratos e dos negócios... de donde seja necessário que todos os notários sejam dignos de fé, de fidelidade e amantíssimos de verdade", *ibidem*, 295; "estão deles excluídas as mulheres", *ibidem*,

322; "por direito comum, os ofícios municipais não podem ser vendidos, 323; mas isso pode ser feito com licença do rei, desde que se venda a pessoa digna, por preço moderadíssimo e por urgente e inevitável necessidade", *ibidem*, 322/323.

Salários dos criados (Salarium servorum, III, 648). "deve-se-lhes salário quando combinado, ou quando o criado costuma servir outrem por salário e o senhor empregou o criado que o serve continua e diariamente, *ibidem*, 104; "o receber uma justa remuneração é devido quando isto for tacita ou expressamente a causa final de servir", *ibidem*, nº 106; "no foro externo, a remuneração devida só é superior à concertada no caso de lesão ou de menoridade do criado", *ibidem*, 107; "os rapazes não merecem salário senão a partir dos 14 anos e as moças dos 12", *ibidem*, 108; "se não houver convenção tácita ou expressa de remuneração, mas o criado for recebido a seu pedido na casa, para aí viver sem salário e apenas pelo cômodo, não é devido salário em nenhum dos foros (interno ou externo)", *ibidem*, 107; "não se deve salário aos criados dos mestres nem dos estudantes (estes dão-lhe vestes e calçado, que lhes podem tirar quando estes os abandonassem)", *ibidem*, 110; "pela nossa Ord. (IV, 30) o criado que serve pelos vestidos não pode abandonar o patrão antes de um ano" (ver também, I, lib 5, disp. 13, § 9, nº 28 ss.); "acerca do criado cantor ou músico: salvo pacto, não têm salário, servindo pela comida e vestidos, *ibidem*, 113; "se o patrão pôs fora o criado por ira e se se arrependeu passado pouco tempo, o criado deve voltar ao serviço sob pena de não ter direito ao salário", *ibidem*, 115.

O salário dos filhos ("Salarium filii familiae, *ibidem*, III, 648, nº 117 e 118)

"o filho que trabalha nas coisas do pai, estando sob a *patria potestas*, não tem direito a salário; de outro modo não se distinguiria de um estranho, que não trabalha sem salário, *ibidem*, nº 117. A razão é que o filho não é tido como servindo o pai por salário, mas por amor, devendo obséquio ao pai, *ibidem*, nº 117; nem se diga que o filho apenas deve ao pai as obras obsequiais e não as artificiais, pois se entende que esta distinção apenas se refere ao filho emancipado, *ibidem*, nº 117; regime das aquisições do filho que trabalha sem salário; se o trabalho não for devida, como nas obras artificiais do emancipado, adquire para si, embora o pai tenha usufruto", p. 650.

Senhores e vassalos (*ibidem*, III, 485 ss., maxime 489)

"o que é um feudo - "concessão de coisa imóvel ou equivalente,[33] com transmissão do domínio útil, retida a propriedade, sob o dever de fidelidade e de prestação de serviços pessoais", *ibidem*, 487, § 2, nº 1.).[34]

---

33 "Coisa imóvel ou equivalente, como nos feudos de câmara ou de Cavea que consistem em rendas, (pois as rendas consideram-se imóveis)", *ibidem*, 487, nº 3.

34 "Feudum est beneficium, quod ex benevolentia ita datur alicui, ut proprietas quidem rei immobilis beneficiaria penes dantem remaneat, usus autem fructus illius rei ita ad accipientem transeat, ut ad illum, haeredesque suos masculos, sive foeminas si de his nominatim dictum sit, in perpetuum pertineat; ea lege ut ille, et sui heredes fideliter Domino serviant: sive iluud servitium, qualiter esse debeat, sit expressum, sive indeterminate sit promissum", 487, nº 2.

"os vassalos devem servir fielmente, donde se segue a retribuição do serviço pela concessão do feudo: é que este é um ônus imposto, pelo que parece que o feudo é um contrato mutuamente obrigatório, dado para graça de um e outro [i.e., um cruzamento de atos de graça]. De onde o vassalo que se recusar ao serviço perde o feudo, não havendo qualquer causa mais justa para perder o feudo, pois se este é dado como benefício, o vassalo não pode não querer servir (cita Baldo), *ibidem*, 488, n° 7.

Que tipos há de feudo e de que espécies, *ibidem*, § V, p. 493.

"*ligium* e *non ligium*: o primeiro é o que se aceita de príncipe não reconhecendo superior, em que se jura fidelidade contra qualquer homem, ninguém excluído, pondo em obrigação a sua pessoa e, subsidiariamente, os seus bens, *ibidem*, 494, n° 5.

"Feudo de pacto e providência é aquele que se concede a alguém para si e para os filhos, não se fazendo qualquer menção dos herdeiros. De onde o sucessor tem que ser filho, mas não tem que ser herdeiro; o feudo hereditário propriamente dito é concedido simplesmente para si e herdeiros, de onde o sucessor do feudo tem que suceder na herança do vassalo morto", *ibidem*, n° 13, 496.

"feudo *Guardiae* [de guarda] é dado para guardar e defender um castelo; o feudo Castaldiae dá-se para governar e administrar coisas, *ibidem*, 498, n° 17.

"o feudo de câmara ou de Cavena diz-se quando algo da Câmara da comunidade, ou fiscal, ou do príncipe, é conferida em feudo, aos anos ou em distribuição quotidiana de alimentos; Câmara, em língua longobarda, é o aposento fechado [conclave] em que se distribuem dinheiros; Cavena é cela, onde se guardo o trigo ou o vinho", *ibidem*, n° 18, p. 498.

Se os feudos estão em uso na Lusitânia e na Hispânia, *ibidem*, § VI: 498

"em Castela, as concessões de terras com dignidade e jurisdição, com obrigação de serviço em tempo de guerra têm a natureza de feudos", *ibidem*, 498, 1.

"os vassalos do rei em Castela (embora o nome seja mais geral) consideram-se feudatários se estão especialmente obrigados a serviço militar, Partidas, IV, 25 (n° 3); embora estas doações não se regulem em muitas coisas pelo direito feudal", *ibidem*, n° 4.

"duvida-se da natureza feudal das doações de bens da coroa em Portugal, pela razão de que os bens da coroa apenas são detidos pelos donatários sob certas condições, como as mulheres não casarem senão com licença do rei (o que também se verifica em Nápoles)", n° 5, 498; "a disposição de [Ord. II, 35, 3] tira-lhes a natureza de feudo, porque impede a sua divisão e isenta os donatários de obrigação de serviços", *ibidem*, n° 4, p. 499.

O que é que os feudatários são obrigados a prestar, *ibidem*, "§ V p. 510.

"as consequências do caráter pessoal dos serviços do feudo: ao contrário do enfiteuta, não pode conceder o usufruto do feudo (*ibidem*, n° 3), nem subenfeudar (*ibidem*, n° 9 ss.: a divisão do domínio útil, superior e inferior).

"os vassalos têm que ajudar no dote das filhas do senhor", *ibidem*, 516, n.36.

"têm que ajudar ao sustento do senhor pobre, *ibidem*, 517, n° 37, pois o vassalo equipara-se ao filho

(Glosa), *ibidem*, 517, n° 37 ss.; com a limitação de que o senhor necessite e o vassalo possa", 517, n° 37.

"se pode contrair amizade com um inimigo do senhor, 517, n° 39: não, pelo menos se isto ocorrer em prejuízo do senhor (mas este tem que provar o prejuízo e não apenas a amizade)", n° 39.

"no feudo *lígium*, o vassalo não pode ter mais de um senhor", *ibidem*, 518, n° 41.

"o vassalo que não revela um dano importante contra o seu senhor perde o feudo", *ibidem*, 519, n° 45.

"deve pedir licença para chamar o senhor a juízo", *ibidem*, 519, n° 47.

"bens feudais e não feudais, *ibidem*, § VIII, p. 528. Senhores e enfiteutas, *ibidem*, p. 335, 340, 403.

"distinção entre enfiteuse e feudo, p. 340, § 3: "o feudo deriva da benevolência e da intenção de outorgar uma vantagem basicamente gratuita (licet non sit omnino gratuitum, cum plurimum gratiae habeat), p. 341, n° 7: o feudo é dado por serviço, e não por pensão anual, n° 11, p. 341; "no feudo há juramento de fidelidade, n° 11; a enfiteuse pode conter alguns serviços pessoais segundo o costume ou o pacto (dias de geira), n° 13; falta de pagamento das eventuais pensões no feudo não fazem cair em comisso, pois ele é gratuito e beneficial", p. 341, n.16.

ESTA OBRA FOI IMPRESSA EM SANTA CATARINA NO
OUTONO DE 2012 PELA NOVA LETRA GRÁFICA &
EDITORA. NO TEXTO FOI UTILIZADA A FONTE ELECTRA
LH EM CORPO 10 E ENTRELINHA DE 16 PONTOS.